てんきち母ちゃんちのお弁当 朝15分で

手間と時間はちょっとだけ！ 愛情たっぷり！ オッサン弁当

はじめに
「オッサン弁当生活、はじまりはじまり〜」の巻

オッサン弁当？

それってオッサンが食べる弁当のこと？
ええ、たしかにうちのオッサンこと、愛するダンナサマ、通称「オット」がお昼に食しているお弁当、それがオッサン弁当。
けどオッサンが食べるからオッサン弁当なんじゃない。うちの中学生の兄ちゃんが、土日の部活に持ってく弁当も、オッサン弁当。

実は弁当自体が**非常にオッサン**くさいのだ。
でっかい弁当箱に、これでもか！ ってご飯を詰めこみ（1合は入ります！）、さらにおかずは全然可愛くないし、品数もたったのこれだけ？ って思うはず。
お花の形のウインナーも入ってなけりゃ、型抜きしたにんじんもなし、ハート型の卵焼きもなし。
お弁当の彩り（仕切り？）に入れるレタスも入ってなけりゃ、色合いがキレイな隙間埋め用プチトマトもなし。
色とりどり、まるでお花畑（あれっ？ 宝石箱やったっけ？）みたいな、うっとりため息がでちゃうような、食べるのがもったいないほどのステキ系のお弁当とは、全く正反対の位置にある、茶系地味弁当、それがオッサン弁当。
細かい仕切りがなくても大丈夫なのは、ご飯に染みるとむしろ美味しいおかずだったり、隣に入れたおかずに味が移っても、それはそれで美味しかったりと、母さんは**全部計算済み**だから。

なんでそんなお弁当なの？ って？
手先が器用じゃないから？ 朝はギリギリまで寝ていたいタイプだから？ 壁塗り……じゃなくって、お化粧に人一倍時間がかかるから？
うんうん、まあ、そんなとこ。
でもね、考えてもみて？
例えば、おうちで食べる夏休みの子どものお昼ご飯に、おかずは何品作ってる？ 3品以上作ってる**あなたはエライ！**
母さんなんてほぼ1品（頑張っても2品）だね！ 作る時間も20分以上はかけないね。どんぶりならどんぶりをドーン！ パスタならパスタをドーン！ 炒飯しかり、オムライスしかり、ラーメンしかり、素麺しかり、さあさあ、今日は特別大サービスだよ、**みそ汁付けちゃうよ！**

おうちで食べてもよそで食べても、お昼はお昼。
だから母さんが作るお弁当は、品数は少ない。
でも、しっかり食べて欲しいから、ごはんにピッタリのしっかりおかず。野菜もしっかり食べて欲しいから、飾りのためじゃないちゃんとした野菜も入ってる。それは冷めても美味しい、いや、冷めた方がむしろ美味しいおかず。

オッサンも中学生男子も小学生も幼稚園児も、誰が食べても美味しいお弁当。短時間でできて、シンプルで地味で実用的。だけどとびっきり美味しい、味で勝負のお弁当。

オッサン弁当生活、**さあ始めましょ。**

うちの家族紹介

母さん

早起きするのは苦手だけど、短時間でパパッと作っちゃうお弁当作りは大得意。家族に愛を届けるため、今日も頑張ります。(´▽`)/
しかし朝はお弁当を作る時間よりも、実は鏡に向かっている時間のほうが圧倒的に長いのは、誰にもナイショでお願いします(いろいろ塗って、あれこれ隠さなきゃいけないお年頃なのッ)。好きなお弁当おかずは「梅干」。

てんきち兄さん(長男)

食べても食べてもお腹は常に6分目。驚異の新陳代謝が羨ましい、がっつり食べまくる運動部所属の男子中学生。中学校は給食だけど、高校生になれば弁当生活。果たしてヤツは何個の弁当を持っていくのか……!! 母さんは朝から何合の米を炊くのか!! 乞うご期待! 好きなお弁当おかずは「甘くないだし巻き卵」。

メイさん

早起きする母さんに付き合って文句ひとつ言わずに早起きしてくれる、心強い味方。最近はお弁当がいらない休みの日でも、母を定時にキッカリ起こしてくれるのが、悩みの種。大きな体で甘えん坊、そしてビビリ、愛すべきラブラドールの女の子、1歳。

ブログの「メイさん劇場」でも大人気!早起きならおまかせ!

オット

辛口コメントでおなじみ、愛妻弁当評論家(で間違いない)。毎朝オッサン弁当を持って出勤、お昼の休憩時間にお弁当箱を開ける瞬間を何よりも楽しみに働いている(はずだ!!! 間違いない!!! by妻)。
「冷めた方が美味しいおかずとは……」、「ふんわりと、でもしっかりごはんを詰めるとは……」。今夜も弁当評論に熱はこもる。好きなお弁当おかずは「肉」。

なーちゃん(長女)

量はそんなに食べられないけど、食べるものに好き嫌いはまったくなし。オマセでオシャレな小学生。「太るかもしれないし、ニキビっていうのができるかもしれないから」という理由により、チョコはあまり食べないようにしているらしいΣ(゚ロ゚;
最近は目に入る野菜を片っ端から指差し「これはビタミンC? じゃあこっちはビタミン何? それってどんな栄養なの? 食べるとどうなる?」と質問攻め。好きなお弁当おかずは「プチトマト」。

すぅさん(次女)

星の数ほどある好き嫌いを克服すべく、母さんに日々鍛えられている。そんな彼女も春からは小学生! 給食の牛乳、全部飲めるかな。みんなが食べ終わるのと同じくらいに食べ終えられるかな。不安なのは母さんだけで、本人はちっとも気にしない。好きなお弁当おかずは「鮭おにぎり」または「シーチキン」(何故だ…)。

我が家の3姉妹…じゃなくて母娘。あとの二人?兄さんは思春期真っ只中!オットは毎日多忙なうえ恥ずかしがり屋なもので。(´▽`)/

朝15分で てんきち母ちゃんちのお弁当
もくじ

箱入りオッサン弁当
- 焼きカレー弁当 ……………………… 10
- 豚肉のじゃがロール弁当 ……………… 12
- 豚肉の大葉チーズロール弁当 ………… 13
- 豚のタツタ揚げ弁当 …………………… 14
- ゆかり豚弁当 …………………………… 15
- 鶏の梅のおろし煮弁当 ………………… 16
- 鶏天弁当 ………………………………… 18
- 一緒に食べればチキン南蛮弁当 ……… 19
- 中華風揚げ漬け弁当 …………………… 20
- ぶりのタツタ揚げ弁当 ………………… 21
- 大葉つくね弁当 ………………………… 22
- 鮭とひき肉のおやき弁当 ……………… 24
- 和風オムレツ弁当 ……………………… 25

ガッツリどんぶり弁 ドーンっとのっけ弁
- 高野の薄焼きのっけ丼 ………………… 30
- 焼き鳥丼 ………………………………… 31
- おあげ丼 ………………………………… 32
- ドドーンと牛丼弁当 …………………… 33
- しっとりむね肉のソテー丼 …………… 34
- 牛カルビ丼 ……………………………… 35
- 小松菜のドライカレー丼 ……………… 36
- シーフードのかき揚げ丼 ……………… 37
- 焼き鮭の漬け丼 ………………………… 38
- セロリ入り中華風ひき肉丼 …………… 39
- 牛肉の甘辛バター焼きのっけご飯 …… 40
- ニラ玉豚のっけ丼 ……………………… 41

お弁当おかずいろいろ

お肉のおかず
豚ロース薄切り肉を使って
- 豚としめじの胡麻しょうゆ浸し ……… 46
- 定番！ ウチのしょうが焼き
- 豚と野菜の塩コン炒め
- 手ぬき春巻き …………………………… 47
- 豚とおあげの甘辛巻き
- 豚と玉ねぎのコチュジャン胡麻焼肉
- チーズ・イン・ピカタ

鶏肉を使って
- むね肉のオーロラソース和え ………… 48
- むね肉のカレービネガー
- むね肉の胡麻味噌チン！
- ささみのアスパラオイマヨソテー …… 49
- もも肉のしょうがじょうゆ
- チキンのマスタードマリネ
- 照り焼きチキン

ひき肉を使って
- ちくわの肉詰め照り …………………… 50
- 鶏ミンチとごぼうのそぼろ
- 長芋と枝豆の豚そぼろ
- また作ってね！ すぅのぺたぺた焼き … 50
- フライパンでしっとり肉じゃが ……… 51
- 鶏ゴボつくねの甘辛煮
- 油揚げコロッケ
- 信田巻き

牛肉を使って
- 牛肉とピーマンの切り干し味噌炒め … 52
- 牛肉とじゃがいもの甘辛煮
- 牛カツ
- お肉はちょっぴり、野菜たっぷり焼肉！ … 53
- 牛肉のマリネ
- 牛肉の味噌漬け
- 牛肉とごぼうの甘辛がらめ

お魚のおかず
- さんまのカレー塩ソテー ……………… 54
- さんまの海苔チーソテー
- さんまの薄焼き
- たらとキャベツのコチュマヨ蒸し
- ぶりの柚子胡椒漬け …………………… 55
- 塩鮭の手ぬき春巻き
- 塩鮭の胡麻バター蒸し
- たらのカレーピカタ
- シーフードミックスとマカロニのソテー … 56
- さばのノルウェー風
- さばの梅しょうゆ漬け
- さばの黒酢あん
- さばのカレーじょうゆ ………………… 57
- 安いウマい早い、イカチリ！
- イカとスナップえんどうのしょうが炒め
- 海鮮チヂミ

野菜のおかず
いろんな野菜を使って
- ほうれん草とにんじんの胡麻ナムル … 58
- ほうれん草とにんじんのレンジ卵炒り
- 炒りこんにゃく
- しっかり味のおかずこんにゃく ……… 59
- カレー大根
- しいたけの甘辛
- しめじのマヨソテー
- 冷凍じゃがいもの粒マス@レンチンで！ … 60
- キャベツ@レンチンで！
- わかめのかき揚げ
- わかめ炒め
- 冷凍じゃがいもの甘辛チン！ ………… 61
- 切り干し大根ときゅうりの中華サラダ
- 切り干し大根の明太和え
- サトイモの柚子胡椒サラダ

緑の野菜を使って
- スナップえんどうとツナのトースター焼き … 62
- ブロッコリーのマヨチー焼き
- 小松菜と油揚げのザーサイ和え
- 小松菜とコーンのレンチンバター …… 63
- 小松菜と焼きちくわのわさび和え
- きゅうりのゆかり和え
- きゅうりのくるくる巻き巻き
- ブロッコリーの梅めんつゆ …………… 64

ブロッコリーの明太マヨ……………………64
サニーレタスの酢味噌和え
サニーレタスの胡麻和え
ピーマンとツナの炒め物………………………65
枝豆のチーズ春巻き
枝豆のもっちりお焼き
セロリのおかか和え
赤の野菜を使って
キャロットサラダ………………………………66
にんじんとおかかのかき揚げ
にんじんのシャキシャキナムル
赤ピーマンとじゃがいものマヨしょうゆ和え………67
赤ピーマンとツナのサラダ
赤ピーマンとじゃこの炒め物
トマトのベーコン巻き

卵のおかず
ゆかりのだし巻き………………………………68
青海苔とかつおぶし粉のだし巻き
梅干のだし巻き
ひじき煮のだし巻き
キャベツのお好み………………………………69
卵の袋煮
ニラ玉
卵サラダ

ご飯バリエ
鮭のまぜご飯……………………………………70
梅おかかご飯
シーフードピラフ風ご飯
昆布まぜご飯
鶏ゴボご飯
たけのこご飯……………………………………71
わかめとコーンの洋風ご飯
ケチャップチキンライス
そばめし
干ししいたけご飯

ちょっとした工夫で らくらくお弁当作り

からあげを使って
基本のからあげ…………………………………74
じゃがカレー煮
オイマヨ炒め
小松菜の卵とじ…………………………………75
チリソース漬け
すっぱ梅煮
酢鶏
和風ケチャップ煮
親子丼風卵とじ
ハンバーグを使って
基本のハンバーグ………………………………76
大人のケチャップソース
味噌煮込み
塩中華丼味………………………………………77
スパイシーカレー煮
チンゲンサイのオイスター煮込み
テリ焼き
きのこの和風あん
中華甘酢あん

常備菜とバリエーションおかず
牛肉ときのこの佃煮……………………………78
きんぴらごぼう
五目豆………………………………………………79
牡蠣の佃煮
ひじきのしっとり梅ふりかけ
金時豆の甘煮
セロリの常備菜…………………………………80
ぴりぴり焼きそば
豚肉巻き
ぺたぺた焼き
のっけご飯………………………………………81
チャーハン
だし巻き卵
さばのネギ味噌そぼろ
さば味噌そぼろ風味のふわふわ焼き
ひじきそぼろ……………………………………82
混ぜご飯
オムレツ
春巻き
チャーハン………………………………………83
鮭そぼろ
おにぎり
鮭のクルクル巻き巻き

特別な日に食べる、普段着弁当

手巻き寿司弁当………………………………86
寿司飯
ツナと玉ねぎ
えびとアボカドのわさびマヨ
コチュジャン焼肉
もやしとにんじんのナムル……………………87
キムチーズ切り干し和え
金時豆のチーズ巻き巻き

お花見弁当……………………………………88
肉巻き焼きおにぎり
鮭おにぎり
照り焼きチキンおにぎり
おかかチーズおにぎり…………………………89
桜餅
根菜入りの肉団子の甘酢あん

コラム1 かな姐さん流 お弁当生活のコツ
ラクして美味しいお弁当生活を続けるために！　6
教えて、かな姐さん！　26
かな姐さんのタイムスケジュール　27
お気に入り道具＆ストック食材　42

コラム2
お弁当の思い出　28
母のお弁当　44
共働きしていたころのお弁当　72
子どもたちに作るお弁当　86

はじめに　2
お弁当作りをはじめるまえに　8
子どもと一緒にお弁当を作ろう！　90
おわりに　92
レシピ素材別インデックス　94

かな姐さん流 お弁当生活のコツ
ラクして美味しいお弁当生活を続けるために！

「小さな箱に少しのごはんとおかずを詰めるだけなのに、た〜いへん！」
と思っているお母さんは多い。
でもそれって、『お弁当はこうでなきゃ』っていう呪文をかけられているだけ。
そんな"ねばならない"から開放されたかな姐さん流のアイデアを、伝授します！

コツその1
前日の晩御飯のときの、"ついで"がダイジ！

例えば、前日の晩に千切り野菜のサラダを作ったら……ちょっとだけお弁当用に取り分けておいて、お塩を振って翌朝のお弁当おかずにアレンジ。
野菜やお肉を多めに切る、またお魚は下味に漬けておくなど、ついでに準備。
寝る前には、お弁当箱や、ついでに調理器具も出しておく。
そして翌朝作るものを思い巡らしながら、作る順番まで一度シミュレーションしておく。"ついで"って大事。

ほんのちょっとしたことが、ボ―――ッとした朝にはとっても嬉しい。お水を触りたくない寒い朝にもとっても嬉しい。
朝から本を見ながら作る余裕なんて、きっとないから予習しておいてね。じっくり読んで、作り方を頭に思い描いて、味を想像して。頭の中でシミュレーションしておくまでが、準備です。

調理器具と食材を見れば、昨晩思い描いたレシピがよみがえる!?

コツその2
3品のうち1品は電子レンジにおまかせ！

普段は5人分の食事作りをしているわたしだけど、お弁当はほぼ1人分。
1人分を大きなフライパンで作ったら、調味料はあっという間に蒸発しちゃうし、使った後に洗うのもとっても面倒。ちょっとでも面倒だなって思ったら、お弁当作りってイヤになっちゃったりするもの。

だから、お弁当用には小さくて軽いフライパン。
3品作るなら、2品はフライパンで、1品は電子レンジかオーブントースター。こうやって調理器具をまとめちゃうのがコツ。
2品をフライパンで作るコツは、1品目のときにフライパンの中で味付けしないで、焼くだけにすること。フライパンが汚れちゃう味付けはボウルの中で。1人分ならそんな調理の仕方もアリ！ なんです。

5人分もレンジ調理していたら電気代も時間もかかるけど、1人分なら電子レンジ調理もアリ！ 簡単お手軽のレンジ副菜シリーズは、あっという間にできます。

ラクチンな電子レンジ活用でもう1品！

とにかく小さくて軽いウチで愛用のフライパン。

コツその3
詰め方に、ひと工夫を！

味移りや汁モレ対策にお弁当を細かく仕切って……とにかく仕切りまくらないと！って思ってた。これ、以前のわたし。
でも、本当に味が移っちゃダメなの？ ご飯がおかずの色に染められて茶色くなってたらダメ？
ご飯におかかしょうゆの味が染みてたらどう？ だし巻き卵の横に入れた野菜ナムルの味がちょこっと卵に染みてるのは？
ご飯の下に汁の海ができちゃうほどのベッチャリおかずは興ざめだけど、適度におかずの汁が染みた
ご飯や、相性の良いおかず同士の味移りは
OKだと思わない？

仕切りがないといっぱい詰められるし、食べ終わった後のお弁当箱は、まさにすっからかんの空っぽ！
キモチい～～い！
仕切りのカップに入れるのは、どーしても味移りが許せないもののときだけね

お肉のタレが隣の野菜に侵入しても……それはソレ！

コツその4
作りやすい、いつもの味が一番！

お弁当だからといって、気張らなくても大丈夫。
とくに子どもへ作るときは、彩りや見た目、品数にこだわりすぎてしまうあまり、「お弁当」を作るうえで一番大切なコトを見失ってはいないかな？
子どもだって見た目だけが素晴らしいお弁当よりも、美味しいいつものお母さんの味が食べたいはず。だから基本、子どもも大人も同じおかずを作ります。
「お昼には、母さんのいつもの美味しいものを食べさせてやろう」って、その気持ち。食べる場所が変わっただけ。それだけのことです。

もちろん、お弁当だから「冷めてもおいしいように」、「つゆだくはダメ」、「味付けはしっかりめに」とかの心配りはするけど、でも大事なのはソコ。気張らずにいつもの調子で作るから、ラク～にお弁当生活が続けられるのです。

家族みーんな同じおかず！ 上段の左から兄さん(中1)、長女(小2)、下段左からオット、次女(5才)。

お料理をはじめるまえに

お弁当作りをはじめる前に
読んでおきたい注意点をまとめました。
必ず目を通してくださいね！

●大さじ1は15ml、小さじ1は5ml、1カップは200mlです。

●調味料の計量は正確に測りましょう。
ただし塩加減や味には好みがあるので、味を見てから自分の好みに調整してください。

●電子レンジやオーブントースターは、機種によって差があるので、加熱時間はあくまで目安とし、ご使用の機種の個性に合わせて、様子を見ながら加減してください。
この本では電子レンジは600wを基準としています。

●電子レンジでの加熱後は容器がかなり熱くなるので取り出しの際は気をつけてください。
またラップを外すときは高温の蒸気が出ます。やけどに注意してください。

●バターは香り付けに使用してます。有塩、無塩はお好みのものを使用してください。マーガリンでも代用可能です。

●めんつゆは2倍濃縮タイプを使用しています。

●砂糖は表示がない限りきび砂糖を使用しています。上白糖でも代用可能です。

●卵は表示がない限り、Mサイズのものを使用しています。

●材料の分量は基本1人分です。倍量にする場合は、材料を人数分、増やしてください。その際、味付けや塩加減は味を見ながら調整しましょう。
また常備菜は1人分ではなく、1度に作りやすい分量で作っています。

飾り気はないけれど、味は最高!

箱入りオッサン弁当

ようこそ、オッサン弁当同好会へ。
早起きして作ったお弁当は、飾り気のない男らしい弁当だけど、しっかり愛は伝わるのです。
ひとつひとつのおかずがちゃーんと美味しいから、
どれを食べても美味しい、どれから食べても美味しい、
最後の一粒まで残さず食べられます。

焼きキャベツのおかか和え

冷凍かぼちゃの胡麻和え

焼きカレー

焼きカレー弁当

まずは副菜のキャベツから調理スタート！　そのあいだにレンジで
チンする"なんちゃって煮物"を。すると洗い物も少量でOK。
カレーでピリピリしたお口は、キャベツでさっぱりさせるもよし。
かぼちゃで甘くほっこりさせるもよし…食べる人におまかせ。

焼きカレー

カレー星人のための、冷めても美味しいカレー味の炒め物。
オットも大好きなおかず！

材料
豚ロース薄切り肉……3枚
冷凍じゃがいも……4個
ピーマン……1個
サラダ油……少々
塩・こしょう……少々
小麦粉……大さじ1
A ┌ みりん……小さじ2
　├ しょうゆ……小さじ1
　└ カレー粉……少々

作り方
1. ピーマンは食べやすい大きさに切る。豚肉は食べやすい大きさに切り、塩、こしょうを振って小麦粉を茶こしで全体にまぶす。
2. フライパンにサラダ油をひいて中火にかけ、冷凍じゃがいもを焼く。焦げ目をつけながら全体を焼いたら端に寄せ、空いたところで豚肉、さらにピーマンもそれぞれ別々の場所で焼く。
3. 全部に火が通ったら全体を混ぜ、火を少し弱めてAを流し入れ、フライパンをあおって味を馴染ませる。

冷凍かぼちゃの胡麻和え

生のかぼちゃを使う場合はお水の量を増やして、レンジ時間を長くして作ってね。

材料
冷凍かぼちゃ……3切れ
すりごま……大さじ1
A ┌ 砂糖……小さじ1/2
　├ しょうゆ……小さじ1
　└ 水……大さじ2

作り方
1. 深めの耐熱皿にかぼちゃを並べ、Aを振りかけて軽く混ぜ、ふんわりとラップをかける。
2. 電子レンジで2分加熱し、仕上げにすりごまをまぶす。

> 雑穀ご飯……1人分

焼きキャベツのおかか和え

まずはこれから作りはじめましょう。
焼いている間、触らずにおくと焦げ目がつきます。

材料
キャベツ……2枚
塩……少々
しょうゆ……小さじ1
かつおぶし……大さじ1

作り方
1. キャベツは一口大に切る。
2. フライパンにサラダ油をひいて中火にかけ、キャベツを広げて並べる。焦げ目がつくように炒めたらボウルにあけ、塩、しょうゆ、かつおぶしで和える。

同じかぼちゃで別メニューはいかが？

かぼちゃサラダの茶巾しぼり

レーズンとクリームチーズはお好みでね。
女子的には、このデザート系デリがうれしい。

材料
冷凍のかぼちゃ……3切れ
クリームチーズ……20g
A ┌ 砂糖……小さじ1/2
　├ しょうゆ……少々
　├ 塩……少々
　└ 水……大さじ2
B ┌ マヨネーズ……大さじ1弱
　└ レーズン……大さじ1

作り方
1. 深めの耐熱容器にかぼちゃを入れ、Aを振りかけて混ぜてふんわりとラップをかける。電子レンジで2分ほど加熱し、ラップを外して箸でくずす。
2. 冷めたら、さいの目に切ったクリームチーズとBを加えて和える。
3. ラップで茶巾に絞る。

豚肉のじゃがロール弁当

豚肉ロールの甘辛さと、だし巻き卵のふんわ〜り優しい味わい。
そしてピリリが美味しい柚子胡椒風味のしっとり水菜で
味のバランスは◎。あっさりしてるのに腹持ちバツグンの理由は、
お肉にくるまれたスティックじゃがいもにありッ！

てんきち印のだし巻き卵

水菜の柚子胡椒和え

豚肉のじゃがロール

豚肉のじゃがロール

じゃがいものおかげで食べごたえあり！
焼肉のたれを使って主菜を簡単に仕上げます。

材料
豚ロース薄切り肉……3枚
じゃがいも……1個
塩・こしょう……少々
小麦粉……少々
焼肉のたれ……大さじ1
サラダ油……少々

作り方
1. じゃがいもは5ミリ角の棒状に切る。皿に広げてラップをかけ、電子レンジで2分加熱する。
2. 豚肉を広げて塩、こしょうを振り、1のじゃがいもを適量のせて、くるくると巻く。上から茶こしで小麦粉を振りかける。
3. 2の肉に軽く焦げ目がつくくらいフライパンで焼き、焼肉のたれで味付けする。

てんきち印のだし巻き卵

外はしっとり、中はじゅわ〜！　おだしたっぷりの
ウチのだし巻きは、てんきちの大好物です。

材料
卵……2個
サラダ油……少々
A ┌ 水……大さじ2
　│ 塩……ひとつまみ
　│ 顆粒和風だしの素……ひとつまみ
　│ しょうゆ……小さじ1/2
　└ 刻み紅しょうが……小さじ1

作り方
1. 卵とAをボウルに入れてよくかき混ぜる。
2. 卵焼き器にサラダ油を馴染ませ、よく熱してから1の卵液を数回に分けて流し入れ、巻いていく。

水菜の柚子胡椒和え

水菜はお湯をさっと回しかけて絞るだけ。ちゃっちゃと
できるお助け野菜おかずです。

材料
水菜……40g
A ┌ 柚子胡椒……小さじ1/2
　│ めんつゆ……小さじ1
　└ もみ海苔……少々

作り方
1. 水菜は3センチの長さに切り、ざるに広げる。その上から熱湯をさっと回しかけ、手でギュッと絞る。
2. 1をAで和える。

雑穀ご飯……1人分

豚肉の大葉チーズロール弁当

フライパンでお肉を焼いているあいだに、トースターでしめじを。
さらに、和えごろもをちゃっと手早く作りましょう。
最後に作り置きのふりかけをかければ、超スピード弁当が完成！
お昼には和えごろもがご飯に染みて…おいし〜い♪

豚肉の大葉チーズロール

大葉の代わりに海苔でもOK。焼くときは
巻き終わりを下にして、広がらないように！

材料
豚ロース薄切り肉……4枚
大葉……4枚
固形チーズ……1個
塩・こしょう……少々
サラダ油……少々

作り方
1. 豚肉を2枚1組になるよう重ねて広げ、塩、こしょうを振り、大葉を2枚ずつのせ、芯にチーズを置いて端からくるくると巻く。
2. 巻き終わりを下にして、サラダ油をひいたフライパンで焼き、食べやすい大きさに切り分ける。

しめじの胡麻ナムル

ご飯の横に詰め込んだら、お昼に食べるころには
ご飯にも味が染みて美味し〜いの♪

材料
しめじ……1/2パック(100g)
A ┌ 塩……ひとつまみ
  │ しょうゆ……小さじ1
  └ すりごま……大さじ1

作り方
1. しめじは石づきを取って小房に分ける。オーブントースターにアルミ箔を敷き、しめじを5分ほど焼く。
2. ボウルにAを合わせておき、1を熱いうちに和える。

かぶの葉っぱのふりかけ

かぶの葉、大根の葉、セロリの葉。いろんな葉っぱで
応用可。たくさん作って常備菜にしておきます。

材料 ※作りやすい分量
かぶの葉……1束分
ちりめんじゃこ……50g
ごま油……大さじ1
A ┌ 塩……小さじ1/3
  │ みりん……大さじ1
  │ しょうゆ……大さじ1
  └ 白ごま……大さじ2

作り方
1. 塩を入れた熱湯でかぶの葉をさっとゆでて水にとり、しっかり水気を切ってみじん切りにする（セロリの葉っぱで作る場合はみじん切りにするだけでOK）。
2. フライパンにごま油を熱し、中火で1のかぶの葉を炒める。ちりめんじゃこを加え、Aを合わせて入れて汁気がなくなるまで炒める。

白いご飯……1人分

かぶの葉っぱのふりかけ
豚肉の大葉チーズロール
しめじの胡麻ナムル

箱入りオッサン弁当

豚のタッタ揚げ弁当

オットが、「うまかった。まさか小遣い削減計画か(ﾟДﾟ)！」
と、わざわざメールを送ってきたくらい大好評！
サクサクとした食感がおいしい竜田揚げと、
副菜ながらもしっかりした味付けのおかずに、思わずオットもビビった!?

豚の竜田揚げ

揚げ油？ いりませんゝ(´▽`)/ フライパンで
揚げ焼きするから、後片付けもラクラク♪

材料
豚ロース薄切り肉……3枚
サラダ油……適量
片栗粉……大さじ2
A ┌ 塩・こしょう……少々
　└ しょうゆ……小さじ1

作り方
1. 豚肉は食べやすい大きさに切り、Aで下味をつける。片栗粉と一緒にビニール袋へ入れて振り混ぜ、全体に粉をまぶす。
2. フライパンにサラダ油をひいて中火に熱し、1を1枚ずつばらばらにしてカリッと揚げ焼きにする。

ピーマンとにんじんのしょうゆ和え

メインの豚肉を揚げ焼きするついでに、
同じフライパンの端っこで焼いちゃいましょう。

材料
にんじん……5センチ
ピーマン……1個
しょうゆ……小さじ1
白ごま……少々

作り方
1. にんじん、ピーマンはそれぞれ細く切る。
2. メインの豚肉を焼いているフライパンの端で野菜を焼き、火が通ったらボウルに入れて熱いうちにしょうゆで和えて白ごまを振る。

ザーサイとねぎのだし巻き卵

冷蔵庫でザーサイが余っていたら
それが作るタイミング！ ご飯によく合うだし巻きです。

材料
卵……2個
水……大さじ2
顆粒和風だしの素……ひとつまみ
塩……ひとつまみ
しょうゆ……小さじ1/2
ザーサイ……大さじ1
青ねぎ……1本
サラダ油……少々

作り方
1. ザーサイは細かく刻み、ねぎは小口切りにする。ボウルに材料を全て合わせて混ぜ、サラダ油を薄くひいた卵焼き器に、数回に分けて流し入れて巻く。

雑穀ご飯……1人分

ゆかり豚

オットいわく「冷めた方が美味しい」とのこと。
ゆかり好きサンにはオススメのおかず。

材料
豚ロース薄切り肉……4枚
小麦粉……大さじ1
サラダ油……少々
A [ゆかり……小さじ1/2
    しょうゆ……小さじ1/2]

作り方
1. 豚肉は食べやすい長さに切って、茶こしで小麦粉を振りかける。
2. フライパンにサラダ油をひいて中火で熱し、1の豚肉を両面ともカリッと焼く。
3. 小さなボウルにAを合わせる。2の豚肉が焼けたらAで和える。

焼きスナップえんどう

さっと焼いて熱いうちに味付け完了！
素材を生かしたシンプルな調理法が一番合います。

材料
スナップえんどう……8さや
A [塩……ひとつまみ
    しょうゆ……少々]

作り方
1. Aをボウルで合わせておく。主菜の豚肉を焼いているフライパンの端で、スナップえんどうをこんがりと焼く。
2. 色が鮮やかになって少ししんなりとしてきたら、Aのボウルに入れて和える。

カリフラワーのレンジ蒸し

カリフラワーは生のままレンジでチン！
しっかり味が馴染むのはちょうどお昼頃かな。

材料
カリフラワー……100g
水……大さじ2
A [塩昆布……大さじ1
    かつおぶし……少々
    しょうゆ……少々]

作り方
1. カリフラワーは小房に分け、耐熱容器に入れて水を振りかける。ラップをかけて電子レンジで2分加熱する。
2. 熱いうちにAで和える。

雑穀ご飯……1人分

ゆかり豚弁当

香り高～いゆかりが食欲をそそるから、ご飯もどんどん進みます♪
主菜を作るついでに副菜も同じフライパンで作っちゃうし、
あともう一品は、電子レンジで作る簡単おかずで時間も道具も
有効活用できます。朝の5分は貴重なのよッ、(´▽`)/

鶏の梅おろし煮弁当

おろし煮は汁っぽいとお弁当には適さないので、汁気がなくなるまでよーく煮つめて。隣に焼いたしいたけとアスパラを持ってきて、おろし煮の美味しいつゆを吸わせる作戦でいきましょ。ひじきは缶詰を大活用！　和えるだけで火を使わず作ります。

- ひじきのツナサラダ
- 焼きしいたけ&焼きアスパラ
- 鶏の梅おろし煮

鶏の梅おろし煮

梅干で食欲増進、疲労回復、ご飯もすすみます。
さらに嬉しいことに防腐効果もアリ!

材料

鶏もも肉……100g
塩・こしょう……少々
片栗粉……大さじ1
サラダ油……少々
大根おろし……大さじ3
A ┌ めんつゆ……大さじ1
　├ みりん……小さじ1
　├ しょうゆ……小さじ1
　└ 梅干(種を取って叩く)……1個

作り方

1. 鶏肉は一口大の削ぎ切りにし、塩、こしょうを振る。ビニール袋に片栗粉と鶏肉を入れて振り混ぜ全体に粉をまぶす。
2. フライパンにサラダ油をひいて中火で鶏肉をしっかり焼く。
3. 火を弱め、大根おろしとAを加えて煮立て、少し煮つめてから火を止める。

焼きしいたけ&焼きアスパラ

シンプルに焼いただけ。味付けはちょっと控えめに。
おろし煮の味が染み込むことを計算してね!

材料

しいたけ……2枚
アスパラガス……3本
しょうゆ……少々

作り方

1. トースターにアルミ箔を敷き、適当な大きさに切ったしいたけとアスパラガスを4〜5分素焼きにする。
2. 焼きたてをしょうゆで和える。

ひじきのツナサラダ

かつおぶしを混ぜることで、余分な水分を
吸い取ってくれるから、お弁当にはありがた〜い♪

材料

ひじき(ドライパック)……大さじ4
ツナ缶……大さじ1
柚子胡椒……少々
しょうゆ……小さじ1
かつおぶし……大さじ1

作り方

1. 全てをボウルに入れてよく混ぜる。

白いご飯……1人分

もういっちょ、アレンジおかず!

ひじきのレンジ炒め

そのまま食べられる缶詰のひじきを利用。
乾物独特のにおいもないのでレンジ調理向き!

材料

ひじき(ドライパック)……大さじ3
玉ねぎ……1/4個
ベーコン……1枚
A ┌ みりん……小さじ1
　└ しょうゆ……小さじ1

作り方

1. 玉ねぎは横半分に切ってから薄切り、ベーコンは細かく切る。
2. 全ての材料を耐熱容器に入れてふんわりとラップをかけ、電子レンジで約2分加熱する。できあがったらラップを取ってよく混ぜる。

🐔 鶏天

鶏肉はむね肉でも、もも肉でもお好みで。
青海苔と紅しょうがの組み合わせ、
大好きだー！

材料

鶏むね肉……1/2枚（約120g）
サラダ油……適量
A ┌ 塩・こしょう……少々
　└ 酒……少々
B ┌ 天ぷら粉（市販）……大さじ2
　│ 水……大さじ2
　│ 青海苔……小さじ1
　└ 刻み紅しょうが……小さじ1

作り方

1. 鶏肉は一口大の削ぎ切りにし、Aを振りかけておく。Bをボウルに合わせる。
2. フライパンにサラダ油をひき、1の鶏肉にBの衣をたっぷりとつけて、しっかりと両面を揚げ焼きする。

🥦 ブロッコリーのおかか和え

前の晩に下ごしらえ。ブロッコリーに調味料を振りかけて冷蔵庫に入れておくと、朝ラクだよ。

材料

ゆでたブロッコリー……1カップ
A ┌ 顆粒和風だしの素……ひとつまみ
　│ しょうゆ……小さじ1
　└ かつおぶし……大さじ1

作り方

1. ゆでたブロッコリーをAで和える。

🍚 白いご飯……1人分

▶ 鶏天
▶ ブロッコリーのおかか和え

鶏天弁当

鶏天とブロッコリーの味が混ざっちゃいそうで心配……だって？
いいの、いいの！　混ざっていいように作ってるの。
ブロッコリーにからめたおかかの風味はゼッタイ鶏天に合うもん。
ちょっと染みちゃうくらいが、美味しいじゃない。

一緒に食べればチキン南蛮弁当

甘酸っぱい鶏肉と、即席漬けしたきゅうり、そしてゆで卵＋マヨ。
これ、めちゃウマ黄金コンビなのです。あっちを食べたり、
こっちを食べたりすると……あーら不思議、チキン南蛮の味だぁ！
お口の中で合わさって、キモチもお腹もいっぱいです。

鶏肉のジューシー甘酢煮

なすはあらかじめ塩水につけておくと、早く火が通り、
色も鮮やかに仕上がります。

材料
鶏もも肉……1/2枚
なす……小1本
サラダ油……適量
塩・こしょう……少々
片栗粉……大さじ1
A ┌ 砂糖……大さじ1
　├ 米酢……大さじ1
　└ しょうゆ……大さじ1

作り方
1. なすは乱切りにし、濃いめの塩水（分量外）に浸ける。その間に鶏肉を一口大の削ぎ切りにし、塩、こしょうを振る。ビニール袋に片栗粉と鶏肉を入れて振り混ぜ、全体に粉をまぶす。
2. Aをボウルに合わせておく。1のなすの水気をしっかり拭く（ちょっと絞るくらいの感じ）。
3. フライパンにサラダ油をひいて中火に熱し、鶏肉を両面カリッと焼き、中まで火を通す。フライパンの空いたところでなすも炒める。
4. 鶏肉となすをAに漬け、冷ましてから汁気を切って弁当箱に詰める。

きゅうりの塩もみ

お口の中をさっぱりさせるための箸休め。
お手軽だけど一品あるだけでちがいますよ。

材料
きゅうり……1/2本
塩……適量
しょうが……1片

作り方
1. きゅうりは少し厚めの小口切りにし、塩を振ってしばらく置き、水分をしっかり絞る。
2. 1を千切りにしたしょうがと和える。

> 白いご飯（黒ごまを振って）……1人分

ゆで卵のマヨ添え

ゆで卵の下にはマヨネーズを絞って。
ただのゆで卵だけど、この組み合わせが絶妙！

材料
卵……1個
マヨネーズ……大さじ1

作り方
1. 小鍋に湯を沸騰させ、室温に戻した卵をそっと入れる。12分ゆでて冷水に取り、殻をむいて半分に切る。お弁当箱の下にマヨネーズを絞り、卵を詰める。

中華風揚げ漬け弁当

手間がかかりそう…と恐れることなかれ！ うずらを前日のうちに
漬けておけば、朝がぐーんとラクチンになりますよ。
中華風の揚げ漬けは、朝から油を使う手間もなく、焼いて漬けるだけ。
それでいて、深～い味わいが楽しめるからうれしいのデス。

ぶりとピーマンの中華風揚げ漬け

アツアツのうちにたれにドボン！
短時間でお弁当向きのしっかり味に仕上がります。

材料
ぶり……1切れ
片栗粉……少々
ピーマン……1個
サラダ油……適量
A ┌ めんつゆ……大さじ1
　│ 砂糖……大さじ1
　│ しょうゆ……小さじ1
　│ 米酢……小さじ1
　└ 豆板醤……少々

作り方
1. ぶりは一口大に切り、ビニール袋に片栗粉と一緒に入れて振って、全体に粉をまぶす。Aの調味料をボウルで合わせておく。ピーマンは一口大に切る。
2. フライパンにサラダ油をひき、ぶりとピーマンを焼く。焼けたものからAに浸す。

サツマイモの甘煮

調味料とお水があれば作れちゃう。
用事をしながらでも放っておける煮物はうれしい。

材料
サツマイモ……1本（小さめ）
白ごま……少々
A ┌ 砂糖……大さじ2
　│ 水……適量
　│ 塩……ひとつまみ
　└ しょうゆ……小さじ1

作り方
1. サツマイモは皮をところどころむき、1センチくらいの厚みに切って（大きければ半月やいちょう切りに）、水にさっとさらす。
2. 鍋にサツマイモとA（ひたひたになるように水の量を調節）を入れて中火にかけ、汁気がほとんどなくなるまで煮る。

味つきうずら卵

前の晩から漬けておくと朝がラク！
切り口を見せると、黄色が見えてお弁当がキレイに。

材料
うずら卵……3個
A ┌ めんつゆ……大さじ1
　└ からし……少々

作り方
1. Aを合わせる。うずら卵をゆでて殻をむき、Aに漬ける。

雑穀ご飯……1人分

ぶりのタッタ揚げ弁当

お弁当には、ここぞとばかりにオットの苦手なものを
詰め込む傾向があるようで。(魚もサツマイモも苦手だった気がするw)
でも、栄養バランス&色的にもイイし、決してイジワルじゃないの。
電子レンジだけで作れちゃういんげんの胡麻和えも便利だしね。

- サツマイモ雑穀ごはん
- いんげんの胡麻和え
- ぶりの竜田揚げ

ぶりの竜田揚げ

前の晩に下味に漬けて朝をスピーディーに。
しょうがとお酢の効果で臭みもなしッ!

材料
ぶり……1切れ
片栗粉……大さじ1
サラダ油……適量
A ┌ 酢……小さじ1
  │ しょうゆ……小さじ1
  │ みりん……小さじ1
  └ しょうが(チューブ)……1センチ

作り方
1. ぶりは一口大に切り、Aを合わせたものを回しかけて、一晩冷蔵庫に置いておく。
2. 表面を軽く拭き、ビニール袋に片栗粉と一緒に入れて振り混ぜ、全体に粉をまぶす。
3. フライパンにサラダ油をひいて、2の両面を揚げ焼きにする。

いんげんの胡麻和え

たっぷりのすりごまがポイント。
お魚の隣に入れると、味が魚にも染みてヨシ!

材料
いんげん……5本
めんつゆ……小さじ1
すりごま……小さじ1

作り方
1. いんげんは半分に切ってラップに包み、電子レンジで40秒〜1分弱ほど加熱する。熱いうちにボウルにめんつゆとすりごまと一緒に入れて和える。

サツマイモ雑穀ご飯

適度に甘じょっぱく蒸し煮にしたサツマイモを
ご飯に混ぜ込んで。色合いもキレイです。

材料
サツマイモ……150g
雑穀ご飯……1合分
黒ごま……大さじ1
A ┌ 塩……小さじ1/4
  │ みりん……大さじ1
  │ 酒……大さじ3
  └ 水……大さじ2

作り方
1. サツマイモを7ミリくらいの厚さのいちょう切りにして水にさらす。小鍋にAとサツマイモを入れて蓋をし、弱火で水分が少なくなるまで蒸し煮にする。
2. サツマイモに火が通ったのを確認して、蓋を取って水分を飛ばす。炊きたてのご飯にごまと一緒に混ぜ込む。

箱入りオッサン弁当

● ポテトオムレツ

大葉つくね

きゅうりのしょうが炒め

大葉つくね弁当

「冷めても美味しい、むしろ冷めた方が美味しい」とはオットの談。
大葉の風味がさわやかで、食欲をそそる味わい深いつくねに
合わせたのは、雑穀ご飯のおにぎり。これで栄養バランスも◎。
箸休めのきゅうりのおかずは、好みに合わせてアレンジして。

🌱 大葉つくね

隠し味の味噌は、食べてても気が付かないけど
つくねの味に深みを持たせてくれます。

材料
鶏ひき肉……100g
大葉……3枚
サラダ油……少々
A ┌ 塩・こしょう……少々
　│ 味噌……小さじ1
　│ 酒……小さじ1
　│ 溶き卵……大さじ1
　│ しょうが(チューブ)……少々
　└ 片栗粉……小さじ1

作り方
1. 鶏ひき肉にAを加えてスプーンでよく混ぜ、ぬれた手で3等分にして小判形に丸め、大葉を1枚ずつ貼りつける。
2. フライパンにサラダ油をひいて中火にかけ、大葉の反対側を下にして並べる。蓋をして片面を焼いて火を通し、大葉を貼りつけた面はさっと焼く。
3. 冷めたら串を刺す。

🌱 ポテトオムレツ

つくねに使う卵の残りはもちろん副菜で使いまわし。
卵にはしっかり火を通してね。

材料
冷凍のじゃがいも……3個
卵……つくねで使った残り全部
塩・こしょう……少々
粉チーズ……少々

作り方
1. 冷凍じゃがいもは電子レンジで30秒加熱してから半分に切る。溶き卵に塩、こしょうを混ぜておく。アルミのケースにじゃがいもを入れ、溶き卵を流し入れ、粉チーズを振る。
2. オーブントースターで約7～8分卵が固まり、粉チーズに焦げ目がつくまで焼く。

🌱 きゅうりのしょうが炒め

箸休め的な一品は、つくねを作った後のフライパンで
そのまま作って、洗い物を少なく。

材料
きゅうり……1/2本
しょうが……1片
塩……少々
サラダ油……少々

作り方
1. きゅうりは薄く斜め切りに、しょうがは千切りにする。
2. フライパンにサラダ油をひいて中火にかけ、しょうがを炒める。香りが立ったらきゅうりを加えてさっと炒め、塩を振る。

> 🌱 雑穀ご飯のおにぎり……1人分

🌱 きゅうりの豆板醤和え

ピリッとパンチのある和え物は大人向け。
しょうが炒めとはまたちがった味わいです。

材料
きゅうり……1/2本
塩……少々
A ┌ 豆板醤……少々
　└ 炒りごま……少々

作り方
1. きゅうりは薄く斜め切りし、塩を振ってしばらく置く。
2. きゅうりの水分を絞り、Aで和える。

もういっちょ、アレンジおかず!

鮭とひき肉のおやき

ブロッコリーのほかにも、アスパラガスや長芋など、歯ごたえ系の野菜ならなんでも代用できます。

材料

豚ひき肉……50g
生鮭……1/2切れ
卵……1/2個
ブロッコリー（ゆでたもの）……50g
片栗粉……大さじ1
塩・こしょう……少々
しょうゆ……小さじ1
塩昆布……大さじ1
サラダ油……少々

作り方

1. ブロッコリーと生鮭は粗みじんに切り、サラダ油以外の材料をすべてボウルに入れて箸でよく混ぜる。
2. フライパンにサラダ油をひいて中火にかけ、1のたねをスプーンですくって小判形にし、両面をこんがりと焼く。

金時豆とかぼちゃのレンジ煮

優しい甘味は子供もオットにも好評デス。
電子レンジ使用でカンタン調理もうれしい。

材料

かぼちゃ……80g
金時豆の甘煮……大さじ2（作り方は79ページ）
A ┌ 砂糖……大さじ1
　├ 塩……ひとつまみ
　├ しょうゆ……少々
　└ 水……大さじ3

作り方

1. かぼちゃは一口大に切り、深めの耐熱容器に入れる。Aを合わせたものを上から回しかける。
2. ラップをかけて電子レンジで約3分加熱する。ラップを取って金時豆を加え、さらに1分加熱する。

雑穀ご飯……1人分

鮭とひき肉のおやき
金時豆とかぼちゃのレンジ煮

鮭とひき肉のおやき弁当

冷めてもふんわりとやわらかなおやきは、母さんの得意料理なのデス。
野菜もお肉もお魚もこれに全部入っちゃってるので、
副菜には、ホッと嬉しい甘めの煮物を添えるだけでじゅうぶん。
金時豆は多めに作っておいて冷蔵庫に常備すると便利。

和風オムレツ弁当

牛肉ときのこの佃煮は常備おかず。そのまま食べても、
アレンジしてお弁当用に使うこともできる便利おかず。
今回は、刻んだ紅しょうがと卵とを合わせてオムレツ風に……。
使い方のバリエーションはたくさんあるので、楽しんで！

🥢 牛肉ときのこの佃煮入り 和風オムレツ

オムレツは、フライパンで寄せてまとめるだけ。
お弁当用なので、よく火を通しましょう。

材料
牛肉ときのこの佃煮……60g（作り方は78ページ）
卵……2個
刻み紅しょうが……小さじ1
塩……ひとつまみ
サラダ油……少々

作り方
1. サラダ油以外の材料をすべてボウルに入れてかき混ぜる。
2. フライパンにサラダ油をひいて強火で熱し、1を流し入れる。大きくかき混ぜながら片方に寄せて形をととのえる。

🥢 ブロッコリーのソテー

前夜にブロッコリーをゆでて、取り分けておきます。
オムレツと同じフライパンでOK！

材料
ブロッコリー（ゆでたもの）……小房5個
塩……ひとつまみ
顆粒和風だしの素……ひとつまみ
サラダ油……少々

作り方
1. 主菜を作った後のフライパンをさっとキッチンペーパーで拭い、サラダ油を薄くひく。
2. ブロッコリーを炒め、だしの素と塩で味をととのえる。

🥢 千切り野菜の塩もみ＆梅和え

前夜に千切り野菜のサラダを作って、
下ごしらえの工程を晩のうちに済ませるとラクチン。

材料
にんじん ┐
大根　　 │
セロリ　 ├ それぞれ全部あわせて2カップくらい
きゅうり ┘
塩……少々
梅干（種を取って叩く）……1個
サラダ油……小さじ1
すりごま……大さじ1

作り方
1. 野菜は全て千切りにし、塩を振ってしんなりするまでおく（ビニール袋に入れてもんでもOK）。
2. 野菜の水分を手でギュッと絞る（1カップくらいになります）。梅干、サラダ油、すりごまで和える。

🥢 雑穀ご飯……1人分

牛肉ときのこの佃煮入り和風オムレツ
ブロッコリーのソテー
手切り野菜の塩もみ＆梅和え

箱入りオッサン弁当

かな姐さん流 お弁当生活のコツ
教えて、かな姐さん！

朝は忙しいし、やることはいっぱいあるし、
そのうえお弁当まで！ なのにそれをハツラツと楽しくこなすかな姐さんに、
こーんな質問しちゃいました。完璧にやろうとせず、
準備と要点をしっかりとらえるかな姐さんの生活の知恵、明日から実践だー！

Q1 「お弁当おかずと朝ごはんメニューがかぶらないようにって、気を遣ってますか？」

A お弁当のおかずは、大体お弁当箱の大きさに合わせて作るのでほとんど残らないのですが、残ったとしてもそれを食べるのはわたし。

冷めたらどんな風に味が変化するのかな？ とか、食感はどうかな？ とか、のどごしよく食べられるか？ など勉強になることがいっぱい！

ちなみに朝ごはんは基本はパンですが、すぅはたまにご飯を食べたがるし、兄さんもたまにおにぎりを出してやると喜ぶ。トーストと電子レンジで作る簡単なおかずのときもあれば、トーストにマーガリンとジャム、それに果物を入れたヨーグルトとココアの日もあり……毎日一緒だと飽きちゃうので、色いろです。

Q2 「お弁当を作るときは着替えのあと？ 前？」

A 起きてまず弁当作りしてます（笑）。パジャマのままです。だからかなりボーーーッとしている時に作っています。だからこそ前夜のちょっとした準備がとても大事なのです。朝起きてすぐにぱっぱと思いつかないからね。着替えたり顔を洗ったりするのは、お弁当のおかずを作り終わって、冷ましている間。蓋を閉めるのはオットが出勤する5分前くらいです。

Q3 「曲げわっぱのお弁当箱は汁モレしませんか？」

A プラスチックのお弁当箱のようにゴムパッキンが付いていないので、まっすぐにしていないと汁モレはします。なので、なるべくモレないように汁を切ってから詰めたり、汁モレ防止食材を使います（例えば、すりごまを振ったり、おかかで和えたり）。

お弁当包みできっちり包んだら、お弁当専用の紙袋へ入れています。荷物が増えるけど、こうしたほうが安全です。そして大事に運んでもらいます。

Q4 「冬場、お肉の脂が白っぽく固まりませんか？」

A お弁当には脂身の少ない部位を選ぶこと。あとは調理前に肉をざるに並べて熱湯を回しかけるという方法も。ひき肉も白っぽい肉を選ばず、なるべく赤味の部分を選んで。炒めている途中に染み出てくる脂は、キッチンペーパーで拭き取ります。冷めると白くなるのも防げるし、カロリーもダウンで一石二鳥ですよ。

Q5 「夏場にお弁当作りで気をつけることは？」

A 必ず朝に火を通した食品を完全に冷ました状態で入れること。ひとつでも温かかったり冷たかったりと温度差があると、傷む原因に。

夏場はあまり常備菜に頼りすぎるのもオススメしません。生野菜もNG……お昼には臭ってきちゃいますよ。練り製品（かまぼこやちくわなど）にも必ず火を通すこと。卵も半熟はダメ。ブロッコリーなど、前の日にゆでたものでも朝ソテーする……など、火を通す調理法を。冷蔵庫に入れておいたとしても、2、3日経ったものは入れないほうがいいです。

ケーキを買ったときについてくる保冷材をお弁当箱と一緒に包んだり、梅干や酢を使って防腐効果を高めるのもアリ。手で触ったものから雑菌が増えるので、わたしはおにぎりもすべてラップ握り、プチトマトのヘタも取っています。

かな姐さん流 お弁当生活のコツ
かな姐さんのタイムスケジュール

朝も夕方も、家族のためにお母さんは大忙し!?
お弁当を作って、ご飯を作って、オットと子どもを送り出して…
いったいどうやって時間をやりくりしてるの!?
かな姐さんのタイムスケジュールを紹介します。

朝

6:00 起床。お弁当作り開始！ 炊飯器を開けてかき混ぜ、ごはんを冷ましている間におかずをチャッチャと3品ほど。お皿にのせて一旦冷ますので、その間に顔を洗ったり着替えをしたり、化粧をしたり……。

6:30 兄さんとオット起床。彼らが顔を洗ったりしている間に、家族の朝ごはんの用意→お弁当を弁当箱に詰める。洗濯機を回し始める。

7:00 なーちゃんとすぅを起こす。食べ終わった兄さんとオットは登校＆出勤。なーちゃんとすぅは着替えを済ませたら、わたしと一緒に朝ごはん。わたしは忙しいときは台所で立ったままコーヒーを飲むことも。

7:30 なーちゃんのピアノの練習を見る。その間に洗濯物を干したり、布団をあげたり、部屋の片付けも。

8:00 なーちゃん登校。なーちゃんのあとはすぅの番。ピアノの練習を見ます。その間を縫って掃除機をかけ、朝ごはんと弁当作りの調理器具の後片付けなど。

8:30 すぅを幼稚園まで送っていく。

夕方

17:00 夕食用のご飯・4合の米をセットした炊飯器のスイッチを入れて、晩ごはんの支度開始。はじめにすべてのメニューの野菜切りからスタート。このとき、翌日のお弁当用の野菜をここから取り分け、何を作ろうか、どんな組み合わせにしようかなどを考えながらラップして冷蔵庫へ。必要があればメモを取り（忘れないように）、下準備（塩でもむ、ゆでるなど）をしておきます。

21:00 晩ごはんの片づけが済んだら、お弁当用のご飯の準備。2合分を翌朝6時に炊けるようにタイマーセット。翌日使うお肉や油揚げなどを冷凍庫から冷蔵庫へ移し変える。お弁当箱、調理器具（フライパンやボウルなど）も調理台の上へ用意。必要なら、カウンターの上に翌日作る予定のものの簡単なメモなども用意。

24:00 翌日の朝のお弁当作りの流れ（まず最初に○○を作って、その間に△△を××して、その後最初に使ったフライパンで□□を……）を、頭の中にイメージしながら就寝。

缶詰食材は忙しい朝の救世主！

「お父さん、いってらっしゃい！」子どもにお弁当を渡してもらうのも嬉しいね！

🌸 お弁当の思い出 🌸

小学校の頃、給食が大の苦手だったわたしは、クラスに1人はいる「掃除時間になってもまだ給食が終わらず、ほこり舞い散る中をちびりちびりとやりながら（酒か！）、机ごと後ろに下げられてしまった」タイプ。給食が大嫌いだったので、中学に上がるのをそんな意味でとても楽しみにしていた。

そう！中学からは夢のお弁当持参生活開始、(´▽｀)/

入学早々母に頼んでお弁当作りにも参加させてもらったわたしは、前日にメニューを考えて買い物に行った記憶がある。
今思うと、一番最初に母に習った料理、それが卵焼きなんじゃないだろうか。

たまに1人で任せてもらえる日もあり、そんな日は冷蔵庫とにらめっこしながら、2つ離れた兄の分と2つ作ったが、ある日のこと。

学校から帰って来た兄は激怒していた。

まったく手をつけることなく残して帰って来たその日の弁当のおかずとは……

巨大なフランクフルトソーセージ、しかも数本。
中1の妹は、まるごとドーン！切れ目も入れずにただ焼いて、そのままの形を生かして入れたのだった ili_┌┬●ili

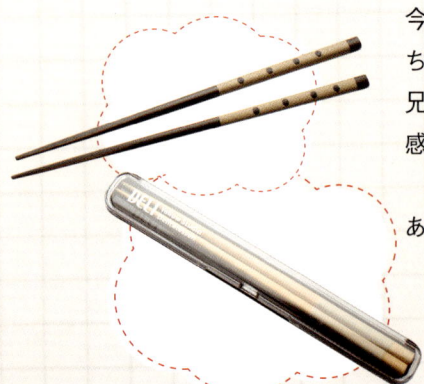

今なら、あのときの兄の気持ちがよく分かる（てんきちにはそんなことは絶対にしないだろう）。
兄は思春期の微妙なお年頃だというのに、なんと鈍感な妹だったことか。

あのときは本当にゴメンね(´∀｀)アハハ/＼/＼

のっけるだけだから簡単！お腹も満足！

ガッツリどんぶり弁 & ドーンっとのっけ弁

これぞオッサン弁当の醍醐味！ドーンとのっけてボリュームたっぷり、副菜はバランスや腹持ちを考えつつ一品作ればいいの、いいの。いつも食べてる、いつもの味。お弁当箱あけたらちゃーんと作った人の顔まで思い浮かべて食べてよッ!!

- 高野の蒲焼きのっけ丼
- 彩り野菜の塩コン炒め

高野の蒲焼きのっけ丼

お肉もお魚も使ってないのに、こんなにもボリューミーだなんて！
見た目もコッテリして、冷めても美味しそうでしょ。
添えた紅しょうがの効果で、後味もさっぱりするのがうれしい。
これがたったの15分でできちゃうなんて、感激です。

高野の蒲焼きのっけ丼

たった高野豆腐1枚が、食べごたえのある、
ガッツリ系パワフルおかずになるんです。

材料
高野豆腐……1枚
サラダ油……少々
焼肉のたれ……大さじ1
刻み紅しょうが……大さじ1
刻み海苔……適量
A ┌ 卵……1個
　├ 片栗粉……大さじ1
　├ しょうゆ……小さじ1
　└ 刻み紅しょうが……大さじ1/2
ご飯……1人分

作り方
1. 高野豆腐を水につけて戻し、手でぎゅっと水気を絞る。
2. Aを合わせてボウルに溶き、1を漬ける。
3. フライパンにサラダ油をひいて中火で熱し、2の両面をこんがりと焼き、焼肉のたれで味付けする。ご飯の上に刻み海苔、高野の蒲焼きをのせて刻み紅しょうがを添える。

彩り野菜の塩コン炒め

赤・黄・緑・黒の彩りでお弁当が華やぎます。
塩昆布のしょっぱさが味のアクセントに。

材料
にんじん……1/3本
じゃがいも……1個
ピーマン……1個
サラダ油……少々
塩昆布……大さじ1
しょうゆ……小さじ1

作り方
1. 野菜は全て同じ太さに千切りにする。
2. フライパンにサラダ油をひいて中火にかけ、じゃがいもを広げる。続いてにんじん、ピーマンの順に入れてしんなりするまで炒め、塩昆布としょうゆで味付けする。

焼き鳥丼

食べ盛りの男の子用のお弁当にはバッチリの、満足度の高いおかず。
要望に応じて、お肉をもう2切れくらい追加しても大丈夫。
蓋が閉まらないかも…と焦りましたが、なんとかいけました！
鶏肉についたたれがご飯に染みて、お昼にはちょうど食べごろに♪

焼き鳥丼

お弁当箱が深い場合は、
ご飯の間に海苔としょうゆをまぶしたおかかを挟んでみては？

材料
鶏もも肉……1/2枚
小麦粉……大さじ1
サラダ油……少々
A［ しょうゆ……大さじ1
　　練りからし……少々
　　砂糖……小さじ1 ］
ご飯……1人分
刻み海苔……適量

作り方
1. 鶏肉は一口大の大きさの削ぎ切りにし、茶こしで小麦粉を振りかける。
2. サラダ油をひいたフライパンで中火で1の両面を焼く。
3. ボウルにAを合わせておき、2を熱いうちに漬ける。冷めるまで置いてから、刻み海苔を敷いたご飯にのせる。

なすとピーマンの胡麻味噌炒め

ほんのり甘い味噌炒めは、ごまの香りがポイント。
彩りもキレイなので一品で満足！

材料
なす……小1本
ピーマン……1個
A［ みりん……小さじ1
　　味噌……小さじ1
　　しょうゆ……小さじ1
　　すりごま……小さじ2 ］

作り方
1. なすは半月に切り、ピーマンも同じくらいの大きさに切る。
2. メインの鶏肉を焼いたフライパンを温め、1のなすを並べて焼く。なすに火が通ったらピーマンを加えて火を通し、Aで調味する。

● なすとピーマンの胡麻味噌炒め

● 焼き鳥丼

おあげ丼

『ヤバイッ、今日お弁当いるんだった！』なんていう緊急時にはコレ。
冷凍庫にストックしてあったおあげを甘辛く煮て、丼に。
主菜がシンプルだから副菜は…いやいや、副菜もシンプルでね♪
コッテリ味に仕上げると、食べごたえもあって腹持ちも◎。

おあげ丼

面倒でも熱湯をかけて油抜きだけはすること！
味の染み具合が全然違うんですよ。

材料
油揚げ(薄揚げ)……1/2枚
刻み紅しょうが……大さじ1
A ┌ 水……大さじ1
  │ しょうゆ……小さじ1
  │ みりん……小さじ1
  └ 砂糖……小さじ1
ご飯……1人分

作り方
1. 油揚げは4つに切ってざるに並べ、熱湯を回しかけて油抜きする。
2. 小鍋にAと油揚げを入れて、弱火で煮つめる。
3. ご飯の上にのせて紅しょうがを添える。

おあげ丼をアレンジ！

油揚げを油抜きしたあと、短冊に切り、これを同じ調味料で煮ます。炊きたてのご飯に混ぜ込み、黒ごまと刻み紅しょうが(大さじ1)を混ぜれば、おあげの混ぜご飯に！

なすとブロッコリーのオイマヨ炒め

ブロッコリーは前の晩にゆでて
少しだけ取り分けておくと、朝の調理がラクラクです。

材料
なす……小1本
ブロッコリー(ゆでたもの)……小房3個
サラダ油……少々
A ┌ オイスターソース……小さじ1
  └ マヨネーズ……小さじ1

作り方
1. なすは5ミリくらいの厚さで半月切りにする。
2. フライパンにサラダ油をひいてなすを炒め、火が通ったらブロッコリーも加えて炒め、Aで調味する。

ドドーンと牛丼弁当

働き盛りのパパにドドーンと牛丼弁当はいかがでしょ、(´▽`)/
牛丼の具をさっと煮ながら副菜の枝豆はレンジでチン！
味がしっかりついた枝豆は、お弁当の副菜にピッタリなんですよ。
誰?! 枝豆むくのが面倒だ…なんて言ってるのはっ！

牛丼

冷蔵庫と相談しながら適当にアレンジするもよし。
お好みで紅しょうがを添えましょ。

材料
牛こま肉……100g
厚揚げ……50g
春菊……1～2枝
玉ねぎ……1/4個
紅しょうが……適宜
A ┌ 水……大さじ2
　├ 砂糖……大さじ2
　├ しょうゆ……大さじ2
　└ 酒……大さじ1
ご飯……1人分

作り方
1. 厚揚げは1センチの厚さに、春菊は3センチの長さに、玉ねぎは繊維を切るように1センチ幅に、それぞれ切る。
2. 小鍋にAを入れて弱火にかけ、玉ねぎ、厚揚げ、牛肉、春菊の順に入れ、牛肉の色が変わって、春菊の茎がしんなりするまで煮つめる。
3. 2をご飯の上へのせる。

味つきレンジ枝豆

冷凍の枝豆と材料を合わせてラップしてチン！
あとは味が馴染むまで置くだけ。

材料
冷凍の枝豆……15さや
顆粒和風だしの素……ひとつまみ
しょうゆ……小さじ1
鷹の爪……少々

作り方
1. 深めの耐熱容器に全ての材料を入れてラップをし、電子レンジで1分半ほど加熱したら冷めるまで置いておく。

しっとりむね肉のソテー丼

鶏肉を前夜に仕込んでおけば、朝はたれをチンして仕上げるだけ！
うす～くスライスすると、低カロリーなのにボリューム満点。
メタボ対策にもなる……だろうか？ それにしては盛り過ぎか!?
とにかくガツーンと一発どんぶり弁当はいいね、ラクで。

しっとりむね肉のソテー丼

前日の仕込みが必要。といっても、晩ごはんのついでに肉を焼いて調味しておくだけですが。

材料
鶏むね肉……小1枚
サラダ油……少々
片栗粉……ひとつまみ
A ┌ しょうゆ……大さじ1
  │ 豆板醤……小さじ1
  └ 砂糖……小さじ1
ご飯……1人分
白ごま……適量

作り方
1. フライパンにサラダ油をひいて中火にかけ、鶏肉の皮を下にして入れる。こんがりときれいな焦げ目がついたら裏返して火を弱め、蓋をして5分蒸し焼きにする。
2. Aを厚手のビニール袋に入れておく。1の肉をアツアツのままここへ入れ、そのまま冷ます。粗熱が取れたらしっかり口を縛って冷蔵庫へ入れて一晩置く。
3. 翌朝、鶏肉を薄く削ぎ切りにし、漬けだれは耐熱容器に入れて電子レンジで20秒ほど加熱する。片栗粉を加えて、さらに20秒ほど加熱してとろみをつける。ご飯の上に鶏肉を並べ、たれをかけて白ごまを振る。

小松菜と卵の炒め物

主菜がお肉だから、副菜で野菜を。
小松菜は扱いがラクなのに、カルシウムも鉄分も豊富！

材料
小松菜……1/3束
卵……1個
サラダ油……少々
A ┌ マヨネーズ……大さじ1
  │ しょうゆ……小さじ1
  └ 塩……少々

作り方
1. 小松菜は3センチくらいの長さに切る。フライパンにサラダ油をひいて中火で熱し、小松菜を炒める。しんなりしてきたらAを加えて炒め、仕上げに溶き卵を流し入れて火を通す。

- しっとりむね肉のソテー丼
- 小松菜と卵の炒め物

牛カルビ丼

フライパンを汚さないように、味付けはボウルの中で。すると副菜を続けて調理できます。

材料
牛カルビ……5枚
塩・こしょう……少々
片栗粉……大さじ1
ピーマン……1個
サラダ油……少々
A [しょうゆ……小さじ1
    砂糖……小さじ1]
ご飯……1人分
白ごま……適量

作り方
1. ピーマンは食べやすい大きさに切り、牛肉は細長い形になるように1枚を縦に半分に切る。
2. 塩、こしょうを振った牛肉をビニール袋に片栗粉と一緒に入れて振り混ぜ、全体に粉をまぶしつける。小さなボウルにAを合わせておく。
3. フライパンにサラダ油をひいて中火に熱し、牛肉を両面焼く。空いたところでピーマンも焼く。Aに焼けた肉とピーマンを入れて和える。
4. ご飯の上に並べ、白ごまを振る。

ラディッシュの卵ソテー

ひとつのフライパンの中で、ボイル&ソテー。別ゆでの面倒がないラクチンおかずです。

材料
ラディッシュ(葉っぱつき)……3個
卵……1個
水……大さじ3
塩……ひとつまみ
しょうゆ……小さじ1
ツナ缶……大さじ1
サラダ油……少々

作り方
1. ラディッシュはくし形に4つに切る。葉は3センチの長さに切る。
2. フライパンにサラダ油をひいて中火にかけ、ラディッシュと葉っぱをさっと炒め、水と塩を入れる。水分がなくなって火が通ったことを確認したら、ツナとしょうゆを入れ、溶き卵を流し入れてまとめる。

牛カルビ丼

晩ごはんに焼肉をしたときは、お弁当のために少しだけカルビを残しておいて。野菜は冷蔵庫にあるものをテキトーに。冷めても美味しいように、粉をつけてから焼くのがポイントです。この一手間で、びっくりするほどお肉のやわらかさを保てます。

小松菜のドライカレー丼

冷蔵庫にあるお野菜は、なんでも細かく刻んで入れちゃいましょ！
口の中をマイルドにしてくれるゆで卵もお忘れなく……。
付け合わせは、トースターでできちゃうカンタン野菜を詰め込んで、
子供も大喜びのスパイシー弁当の完成ですっ！

小松菜のドライカレー丼

冷めても美味しいドライカレーは、まさにお弁当向き。カレー星人には、たまらないっ！

材料
豚ひき肉……100g
しょうが・にんにく(みじん切り)……各少々
セロリ・にんじん・しいたけ・小松菜……あわせて1カップくらい
サラダ油……少々
塩・こしょう……少々
ゆで卵……1個
A ┌ 水……100cc
　│ 固形スープの素……1/2個
　│ 砂糖……大さじ1/2
　│ しょうゆ・ケチャップ・酒……各大さじ1
　│ カレー粉……大さじ1/2
　└ ガラムマサラ・クミン(あれば)……各少々
ご飯……1人分

作り方
1. 野菜は全てみじん切りにする。フライパンにサラダ油をひいて中火で熱し、にんにくとしょうがを炒める。香りがたってきたらひき肉を加えて色が変わるまで炒め、塩、こしょうを振る。
2. 野菜を全て加えて全体を炒め、Aを加えて水分がなくなるまで、ときどきかき混ぜながら炒め煮にする。
3. ご飯の上に盛りつけ、スライスしたゆで卵をのせる。

じゃがいもとブロッコリーのチーズ焼き

じゃがいももブロッコリーも、あらかじめ火を通しておけば、後はトースターにおまかせ。

材料
ブロッコリー(ゆでたもの)……小房3個
じゃがいも……1個
クレイジーソルト……少々
粉チーズ……少々
マヨネーズ……適量

作り方
1. じゃがいもはラップをかけて、電子レンジで1分半～2分ほど加熱し、皮をむいて適当な大きさに切る。
2. アルミ箔に1のじゃがいもとブロッコリーを並べ、クレイジーソルトをまんべんなく振りかける。そのうえからマヨネーズを細く絞って粉チーズをかけ、オーブントースターで焦げ目がつくまで焼く。

小松菜のドライカレー丼
じゃがいもとブロッコリーのチーズ焼き

シーフードのかき揚げ丼

かき揚げ丼……これこそ男弁当！ ボリューム満点のかき揚げと、
しゃきしゃき歯ごたえのきんぴらが、満腹中枢を刺激☆
揚げ油は後の処理が面倒なので、いつものようにフライパンで
揚げ焼きするとラクラク。朝はとにかく、手抜き手抜きッ。

シーフードのかき揚げ丼

シーフードミックスは、前の日から解凍＆水分を
拭き取ること。すると油がはねません。

材料
シーフードミックス(冷凍)……100g
玉ねぎ……1/4個
塩……ひとつまみ
天ぷら粉……大さじ5
青海苔……小さじ1
水……大さじ3
サラダ油……適量
しょうゆ……適量
ご飯……1人分

作り方
1. 解凍したシーフードミックスはキッチンタオルでしっかり水気を拭く。玉ねぎは薄切りにし、ボウルにシーフード、玉ねぎ、塩、天ぷら粉、青海苔、水の順に入れて箸で混ぜる。
2. フライパンにサラダ油を5ミリほどの高さになるくらいまで入れ、中火にかける。1のたねを適当な大きさになるように落とし、両面をこんがりと揚げ焼きにする。
3. 揚げたてのかき揚げにさっとしょうゆをかけてご飯の上にのせる。

小松菜の海苔巻き

一口サイズののり巻きに騙されて、
しっかり野菜も食べられちゃう〜ヽ(´▽`)/

材料
小松菜……2株
しょうゆ……小さじ1
塩……ひとつまみ
海苔……1/2枚

作り方
1. 小松菜は水洗いし、水気がついたままの状態でラップに包む。電子レンジで1分ほど加熱した後、冷水にとって水気を絞る。
2. ボウルにしょうゆと塩を入れて小松菜を和え、適当な大きさに切った海苔でしっかり巻く。

蓮根とセロリのきんぴら

かき揚げを作った後のフライパンでOK。
しゃきしゃきした歯ごたえでお腹いっぱい！

材料
セロリ……1/2本
蓮根……70g
ごま油……大さじ1
A [砂糖……小さじ1
    めんつゆ……小さじ2
    塩……少々
    白ごま……大さじ1]

作り方
1. セロリは薄く斜めに切り、蓮根は薄く半月切りにする。
2. フライパンにごま油をひく。蓮根、セロリの順に炒めてAで調味し、しっかり味を絡めるように炒り付ける。

焼き鮭の漬け丼

だし巻き卵の下はもちろんご飯！ これでもかってくらいに大盛り。
魚はヘルシーなので、もう1切れのっけちゃっても大丈夫。
一見あっさり系のおかずだけど、ご飯のあいだにはミルフィーユの
ように重ねられた海苔とおかか……これがウレシイ！

焼き鮭の漬け丼

焼き鮭はお弁当の定番。副菜で使用した
卵焼き器を使えば、お片付けもラクラクです。

材料
生鮭……1切れ
サラダ油……少々
A [しょうゆ……小さじ1
　　塩……ひとつまみ
ご飯……1人分
かつおぶし……1パック(3g)
のり……1枚
白ごま……適量

作り方
1. Aを小さなボウルに合わせておく。
2. 副菜のだし巻きを焼いた卵焼き器を軽く拭き、サラダ油をひいて中火にかける。鮭を両面こんがりと焼き、1へ漬ける。
3. かつおぶしと海苔を間にはさんで2層にしながらご飯を詰め、一番上に海苔、そして2をのせて白ごまを振る。

具だくさんだし巻き

いつものだし巻きに野菜やベーコンも入れて、
ボリューミーな副菜に。この1品で超豪華！

材料
にんじん……1/4本
ベーコン……1枚
青ねぎ……1本
卵……2個
塩……ひとつまみ
顆粒和風だしの素……ひとつまみ
水……大さじ2

作り方
1. にんじんは細かく千切りにする。ベーコンも細かく切り、青ねぎは小口切りにする。材料を全てボウルで合わせてよく混ぜる。
2. 卵焼き器にサラダ油をひいて中火にかけ、1の卵液を何度かに分けて流し入れながら端からくるくると巻く。

セロリ入り中華風ひき肉丼

色鮮やかに色分けしたそぼろ弁当は乙女のハートをワシ掴みだけど、
部活に励む中学男子や、ガッツリ食べたい中年のオッサンの
ハートをつかむなら、茶色のそぼろ弁当が一押しなのだっ(゜Д゜)！
見た目より、栄養バランスと腹持ちで勝負よっ(笑)

• ブロッコリーの胡麻和え

• セロリ入り中華風ひき肉丼

🍴 セロリ入り中華風ひき肉丼

セロリの香りで食欲アップ。ひき肉の少なさは、
ツルツル春雨でカバーしちゃいましょ。

材料
セロリ……1/2本
豚ひき肉……80g
しょうが(みじん切り)……1/2片
塩・こしょう……少々
カット春雨……20g
A ┌ 砂糖……小さじ1/2
　├ しょうゆ……小さじ1
　└ 酒……小さじ1
ご飯……1人分

作り方
1. フライパンにお湯を沸かし、春雨をゆで戻してざるにあける(長ければゆでたあとに切る)。セロリは斜めに薄く切る。
2. フライパンを拭いてサラダ油をひいて中火にかけ、しょうがと豚ひき肉を炒める。色が変わってきたら塩、こしょうで下味をつけ、セロリを加えて炒める。
3. 2に春雨を入れ、Aで調味し、ご飯の上へのせる。

🍴 ブロッコリーの胡麻和え

冷める時に味が馴染むので、必ずアツアツの
うちに調味するのがコツなのです。

材料
ブロッコリー(ゆでたもの)……小房5個
A ┌ すりごま……大さじ1
　├ 塩……ひとつまみ
　├ しょうゆ……小さじ1
　└ 砂糖……ひとつまみ

作り方
1. ゆでたブロッコリーを熱いうちにAで和えてそのまま冷ましておく。

ガッツリどんぶり丼&
ドーンっとのっけ丼

牛肉の甘辛バター焼きのっけご飯

甘辛く濃いめに味付けしたおかずがメインなので、
サブおかずには口の中をさっぱりさせるキャベツを。…って、
どれもこれも前夜の焼肉で、中途半端に残ってしまった野菜や肉なのですがww
夜のうちに下ごしらえをしておくと、ずいぶん朝がラク！

牛肉の甘辛バター焼きのっけご飯

野菜は冷蔵庫と相談してお好みで。ご飯がすすむ、甘辛味です。

材料
牛薄切り肉……80g
塩・こしょう……少々
片栗粉……大さじ1
かぼちゃ(薄切り)……5枚
じゃがいも……小1個
しいたけ……2枚
サラダ油……少々
バター、またはマーガリン……10g
A［砂糖……小さじ1
　 しょうゆ……小さじ2
ご飯……1人分
白ごま……適量

作り方
1. かぼちゃとじゃがいもはそれぞれラップをかけて電子レンジで加熱し、じゃがいもは薄切りにする。しいたけは薄切りに。牛肉は食べやすい長さに切り、塩、こしょうを振って片栗粉をまぶす。
2. フライパンにサラダ油とバターを入れて中火に熱し、牛肉、かぼちゃ、じゃがいも、しいたけをそれぞれ焼いていく。ボウルにAを合わせておき、焼けた順から入れてよく味を馴染ませる。
3. ご飯の上にキレイに並べ、白ごまを振る。

シャキシャキキャベツの梅和え

こんな素朴なおかずがちょこっと入っていると、口の中もさっぱりしてうれしいですね。

材料
キャベツ……2枚
塩……少々
梅干(種を取って叩く)……1個

作り方
1. キャベツはざく切りにし、塩を振って手でもむ。
2. しんなりしてきたら絞り、梅干で和える。

ニラ玉豚のっけ丼

寒い日って、お昼になるころにはお肉の脂身が白く固まったりして、いや〜な感じです……。でもこの方法ならお肉は柔らかいし、脂肪も白くなりにくいし、おまけにヘルシー。厚揚げを油抜きするついでに、たけのこも豚肉もみーんなざるに並べちゃって!

- ニラ玉豚のっけ丼
- たけのこと厚揚げのおかか煮

ニラ玉豚のっけ丼

薄っぺら〜なお肉だけど、こうやって炒めるととっても柔らかジューシーに仕上がります。

材料
豚肉しゃぶしゃぶ用……4枚
卵……1個
マヨネーズ……大さじ1
ニラ……4本
しょうが……1片
サラダ油……少々
A [塩・こしょう……少々
　　酒……小さじ1
　　しょうゆ……小さじ1]
ご飯……1人分

作り方
1. ざるに豚肉をのせ、熱湯を回しかける。ニラは4センチくらいの長さに、しょうがは千切りに。卵はマヨネーズと一緒によく混ぜ合わせておく。
2. フライパンにサラダ油をひいて中火にかけ、卵を入れて箸で大きくかき混ぜ、半熟になったところで器に戻しておく。
3. 空いたフライパンでしょうがを炒め、続いて1の豚肉とニラを加えて炒める。Aを回しかけて全体を混ぜ、2の卵を戻し入れて炒める。

たけのこと厚揚げのおかか煮

仕上げにおかかをまぶすのは、味をしっかり際立たせるためと、汁モレ対策なのです。

材料
水煮のたけのこ……50g
厚揚げ……50g
かつおぶし……5g
A [水……100cc
　　めんつゆ……小さじ2
　　塩……ひとつまみ
　　みりん……小さじ1]

作り方
1. 厚揚げは斜めに7ミリくらいの厚さに切る。たけのこは適当な大きさに切る(薄く切った方が早く味が馴染む)。厚揚げとたけのこはざるに広げ、熱湯を回しかけて油とにおいを抜く。
2. 小鍋に厚揚げとたけのこを入れてAを入れる。中火で5分ほど煮込み、汁気が少なくなったところでかつおぶしを振りかけて混ぜ合わせ、火を止める。そのまま冷ます。

かな姐さん流 お弁当生活のコツ

お気に入り道具 & ストック食材

朝の忙しいなかで作るお弁当だから、
ぼ——っとしてるのは頭だけにして、
道具や材料は気の利いたものにしておくことが必要。
どこでも簡単に手に入るものなので、参考にしてくださいね。

食材編

お弁当用のために、あると便利なもの。そしてちょっとだけラクできちゃうもの。
うちの冷蔵庫や冷凍庫、野菜室や乾物の棚には、
そんな便利な食材がいつも保険として入っています。

片栗粉
お弁当にお汁がタプタプのおかずは不向き。片栗粉は汁気にとろみをつけるし、お肉にもみ込んでから焼くことで調味料を染み込みやすくしたり、お肉を柔らかく保ってくれます。

ごま
ごまは粒のごまのほかにも、こんなすりごまも常備しています。する手間なしに、さっとかければ汁気をまとめてくれるし、味にこくが出ます。風味も、そして栄養価もバッチリ！

玉ねぎ・じゃがいも・にんじん
安いときに買って、常にキッチンにストックしておきたい野菜たち。これさえあれば、お弁当作りはなんとかなるものです！

ひじき缶
乾物じゃなく、戻してあるひじきの缶詰です。缶を開けたらそのまま生のままサラダなどにも使えます。ウチのお弁当レシピには、けっこうたくさん登場する便利食材です。

ツナ缶
ちょっとしたお野菜の和え物や炒め物にこれが入ると、一気に男子が喜ぶガッツリおかずに変化。ちょっとした副菜も、ツナ缶ひとつで豪華になります。

高野豆腐
お水で約1分で戻ります。1枚でもけっこうお腹はいっぱいになって、食べごたえもあります。煮物ばかりじゃない、高野豆腐の新しい食べ方に挑戦してみましょう！

青海苔・かつおぶし・油揚げ 冷凍の野菜いろいろ
あらかじめ下準備が済んでいる冷凍の野菜はお弁当作りの強い味方。油揚げは冷凍しておくと、中を広げやすくなりますよ。

刻み紅しょうが・柚子胡椒 カレー粉
いつもの味にちょっと変化がつくと、食べるほうもお昼タイムが楽しみに。作るほうもドキドキ実験気分♪

冷凍のお肉
豚肉の薄切り肉は買ってきたらすぐに4枚ずつに分けてラップで包み、さらに厚手の保存用ビニール袋に入れて冷凍保存。使う前の日に冷蔵庫へ移動し、自然解凍して使います。

道具編

お弁当作りに使っているキッチン用品は、
わたしが普段晩ごはんを作るときに使っているものに加えて、お弁当用に便利なものも活用。
お弁当箱は、木のぬくもりがやさしい曲げわっぱを愛用してます！

深めのお鍋
1〜2人分なら深めの小鍋が使いやすいのでオススメです。煮物を作ったり煮魚をしたり。使える一品ですが、実はこれ、電気屋さんでもらった景品だったような……。

密封型の保存袋&保存容器
多めに作り置きしておきたいおかずは、これに入れて冷蔵庫へ。電子レンジでも使えます。ビニール袋=食品を冷凍するときの必需品。冷凍焼けしないから、美味しく保存できます。

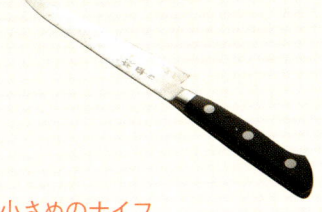

小さめのナイフ
焼いたお肉をうす〜くうす〜くスライスしたい時に使っているのがこれ。よーく切れて便利なんです。

オーブンペーパー
電子レンジ調理には、ラップを使うものとオーブンペーパーを使うものがあります。オーブンペーパーは、食品の蒸気を包んでふっくらと蒸しあげることができます。

フライパン
大きいフライパンは晩ごはん用。小さいのはお弁当用と分けて使っています。適度に大きすぎず、小さ過ぎず。あまり小さすぎるとコンロ周りに油が飛び散って今度は後片付けが大変なのです。これで揚げ物もしちゃいます。

お弁当箱1
大きめサイズの曲げわっぱ。容量は800cc、ごはんなら2杯分がるく入ります（1合弱！）。曲げわっぱのいいところは、ご飯が冷めても固くならないこと。ふんわりもっちりで美味しい♪

お弁当箱2
秋田杉の曲げわっぱです。こちらもやや大きめサイズ。ご飯やおかずがたいしたものを入ってなくても、めっちゃ美味しそうに見えるのが◎。もちろん、冷めてもご飯がウマイ！

お弁当箱3（二段）
こちらも天然木のお弁当箱ですが、2段重ね。容量としてはこれが一番大きいです。食べ終わった後は入れ子式になっているので、コンパクトに持ち帰ることができます。

お弁当箱4（かご）
竹製のかごのお弁当箱。漆をほどこしてあります。意外に深さがあるので、おにぎりもかなり大きめサイズが入ります。汁気のあるおかずは不向き。オーブンシートなどで汁モレ対策を。

お弁当箱5（二段）
天然木の香りがお気に入りの2段式お弁当箱。底が浅いので背の低いおかずを並べたいときはこれ。これも入れ子式になっているので、コンパクトに片づけられます。

お弁当箱6
中が朱塗りになった少し小さめのお弁当箱。品数が多いときには適さないですが、混ぜご飯やのっけ弁など、ご飯がメインのときには重宝するお弁当箱です。

子供のお弁当箱7
兄さん（中学生男子）のお弁当箱。カバンの中に勉強道具と一緒に入れてしまうことを考えて、汁がモレにくいようにプラスチック製です。スリムな外見なのに容量が多いのでピッタリ。

お弁当を包むフキン
曲げわっぱのお弁当箱はぴっちりと閉めることはできません。なので昔ながらの方法でしっかりと包んでしばって。厚手の和柄がお気に入りです。

43

🌸 母のお弁当 🌸

中学入学と同時に始まったお弁当生活だったが、半年もしないうちにすっかり弁当作りの第一線から退いたわたし、(´▽｀)/
それからずっと……そう、なんと就職して結婚するまでずーっとお昼は母の作るお弁当を食べていた。

働き出してからは、夜遅くまでの勤務だったため、弁当は２個。
「太るから、夜遅く家に帰ってから晩ごはんを食べたくない」とわがままを言う娘のため、母はわざわざお昼用に１つ、晩ごはん用にも１つ作ってくれていた。

あるとき、そんな真心こもった母の弁当をうっかり家に忘れて出勤した。

職場に着いてから自分の失態に気づき、慌てて家に電話すると(いや電話したからってどうなるわけでもないのだが、余りにショックだったので)、「あ〜ぁ、そんなの知らないよ！」という母。
はぁー……仕方ない、今日はお昼はコンビニかぁー……せっかく母が早起きして作ってくれたお弁当(しかも２つ)……申し訳ない気持ちでいっぱいになりながら受話器を置いた。

しかしその数時間後。
ビルの最上階にあった職場から何気なく下を見ていたわたしは(よそ見をせずに仕事に集中しろ)……
見覚えのある手提げバッグをさげてバスを降りて歩く父の姿、発見Σ(ﾟ□ﾟ;
なんと娘の職場まで弁当を届けに……(;´Д`)ﾉ(;´Д`)ﾉ(;´Д`)ﾉ
この"娘のために弁当を届ける優しい父"の話は職場では伝説となった。

ちなみに……

そのころは、
朝10時に母の作った弁当をひとつ食べ、
昼12時にはカップ焼そばを食べ、
3時のおやつに夕食用弁当を食べ、
夕方にはパンを貪り、
仕事が終わる9時には駅の立ち食いうどんで、サラリーマンと肩を並べて一杯食べ、
そして何食わぬ顔をして空っぽ弁当箱二つを下げて家に帰っていたのだった。

家に帰って、そして「痩せないわ〜、ぜんっぜん痩せない」と母に相談していた。

冷めてもおいしい工夫がいっぱいの

お弁当おかずいろいろ

毎日続けるものだから、身近ないつものおなじみ材料でできたほうがいい。冷蔵庫を覗けばきっと、今すぐにでもできちゃうおかずがたくさん。使う調理器具や調理方法、味のバランスを見ながら頭の中でシミュレーションしながらおかずを組み合わせてみて。

お肉のおかず

体力勝負の男の子たちには、ゼッタイ欠かせないのがお肉のおかず。
しかも濃くてガッツリした味が、好きなのよね～。ただレア気味のお肉はお弁当には適さないから、
すぐ火が通る薄切り・ひき肉などをフル活用だ～！　これで文句ないでしょッ。

豚ロース薄切り肉を使って

豚としめじの胡麻しょうゆ浸し

冷めても美味しい。ご飯に染みても美味しい。ご飯にとっても合うおかずです。

材料
- 豚ロース薄切り肉……4枚
- こしょう……少々
- しめじ……1/2パック
- サラダ油……少々
- A
  - しょうゆ……小さじ1
  - 塩……少々
  - すりごま……大さじ1
  - ごま油……小さじ1

作り方
1. 豚肉は食べやすい大きさに切る。しめじは石づきを取って小房に分け、アルミ箔を敷いたオーブントースターで5分素焼きにする。Aをボウルに合わせておく。
2. フライパンにサラダ油をひいて中火で熱し、豚肉を広げてこしょうを振って焼く。
3. 焼けた豚肉としめじを、用意しておいたボウルに熱いうちに漬けて和え、そのまま冷ます。

定番！ウチのしょうが焼き

タレにあらかじめ漬け込まなくてもOKだから時短。冷めても柔らかなお肉です。

材料
- 豚ロース薄切り肉……4枚
- 小麦粉……大さじ1
- 玉ねぎ……1/4個
- こしょう……少々
- サラダ油……少々
- A
  - しょうが（チューブ）……少々
  - めんつゆ……小さじ1
  - しょうゆ……少々
  - みりん……小さじ1

作り方
1. 玉ねぎは薄切りに、豚肉は食べやすい大きさに切ってこしょうを振り、全体に茶こしで小麦粉を振りかける。Aを合わせておく。
2. フライパンにサラダ油をひいて中火で熱し、玉ねぎをしんなりするまで炒める。端に寄せて空いたところで、肉を広げて焼く。
3. 肉を両面焼き、Aを流し入れてフライパンをあおって味を馴染ませる。

豚と野菜の塩コン炒め

塩昆布のウマみが味の決め手！　これをご飯にのっけると、カンタン丼物に。

材料
- 豚ロース薄切り肉……4枚
- 片栗粉……大さじ1
- ピーマン……1/2個
- サラダ油……少々
- 玉ねぎ……1/4個
- A
  - 塩昆布……大さじ1
  - しょうゆ……小さじ1/2
  - こしょう……少々

作り方
1. ピーマンは細切りに、玉ねぎは薄切りにする。豚肉は食べやすい大きさに切って、ビニール袋に片栗粉と共に入れて振り混ぜ、全体に粉をまぶしつける。
2. フライパンにサラダ油をひいて中火にかけ、1の豚肉とピーマン、玉ねぎをそれぞれ場所を分けて炒める。両方ともに火が通れば全体を混ぜ合わせ、Aを加えて調味する。

手ぬき春巻き

この春巻きは中身は炒めないし、糊代わりの小麦粉もいらないからカンタンッ。

材料
春巻きの皮……2枚
豚ロース薄切り肉……4枚
塩・こしょう……少々
大葉……8枚
サラダ油……少々

作り方
1. 春巻きの皮は2つに切って、長方形を4枚作る。1枚を広げて豚肉を1枚その上にのせて、塩、こしょうを振る。この上に大葉を2枚のせて端っこからくるくると巻く。
2. フライパンにサラダ油をひいて中火にかけ、1の巻き終わりを下にして並べる。全面がこんがりときつね色になるまでしっかり焼く。

豚とおあげの甘辛巻き

一旦冷凍した油揚げは、お箸でコロコロしなくても簡単に広げられて便利!

材料
油揚げ(薄揚げ)……1枚
塩・こしょう……少々
豚ロース薄切り肉……4枚
A ┌ 水……50cc
  │ みりん……小さじ1
  └ しょうゆ……小さじ1

作り方
1. 油揚げは端を切り落として(後で一緒に中に巻き込むので捨てない)、広げる。ざるに置いて熱湯を回しかけ、油抜きする。
2. 水気をしっかり拭いた油揚げに豚肉を広げて置き、塩、こしょうを振る。最初に切り落とした油揚げの端を芯にして、端からくるくると巻き、巻き終わりを下にしてフライパンにのせる。
3. 2を中火でしっかり周りを焼きつける。Aを流し入れて火を弱め、味が染み込むまで転がしながら煮つめる。冷めたら食べやすい大きさに切る。

豚と玉ねぎのコチュジャン胡麻焼肉

てんきちが帰ってくるなり、「うまかった!」と褒めてくれた好評おかずです♪

材料
豚ロース薄切り肉……4枚
塩・こしょう……少々
小麦粉……大さじ1
玉ねぎ……1/4個
サラダ油……少々
A ┌ 砂糖……小さじ1
  │ しょうゆ……小さじ1
  │ コチュジャン……小さじ1/2
  └ すりごま……大さじ1

作り方
1. 玉ねぎは薄切りにし、豚肉は食べやすい長さに切って塩、こしょうを振り、茶こしで小麦粉を全体にまぶす。
2. フライパンにサラダ油をひいて中火にかけ、玉ねぎを炒める。しんなりしてきたら、空いたところで豚肉を入れてこんがりと焼き、Aを加えて調味する。

チーズ・イン・ピカタ

なーちゃんの遠足弁当にリクエストされるおかず。卵と豚肉って合いますよね。

材料
豚ロース薄切り肉……4枚
スライスチーズ……1枚
塩・こしょう……少々
小麦粉……大さじ1
卵……1個
お好みソース……適量
サラダ油……少々

作り方
1. 豚肉を広げ、1/4の大きさに切ったチーズをのせて折りたたみ、塩、こしょうを振る。茶こしで全体に小麦粉を振りかける。
2. フライパンにサラダ油をひいて中火にかけて温める。小さなボウルに卵を溶き、1の豚肉の両面につけながら焼く。卵が余れば何度かつけて層を増やしながら焼く。
3. ソースを塗る。

鶏肉を使って

ヘルシーな鶏肉は、OLさんにもオススメ。
薄切り肉と違って厚みがあるし、食べごたえバッチリ。
洋風の味付けがよく合います。

むね肉のオーロラソース和え

子どもにはケチャップ、大人は豆板醤にすると、ピリッといい感じ！

材料
鶏むね肉……100g
塩・こしょう……少々
小麦粉……大さじ1
卵……1個
サラダ油……少々
A [マヨネーズ……大さじ1
　　ケチャップ（豆板醤でも可）
　　……小さじ1]

作り方
1. 鶏肉は削ぎ切りにし、塩、こしょうを振って茶こしで小麦粉を両面に振る。卵をボウルに溶く。
2. フライパンにサラダ油をひいて中火にかけ、1の鶏肉を卵液につけながら焼く。両面裏返しながら中まで火を通す。
3. 1をAで和える。

むね肉のカレービネガー

お酢の効果でお肉は柔らか〜くなってマス。前の晩にちゃっと仕込んじゃいます。

材料
鶏むね肉……100g
塩・こしょう……少々
キャベツ……1枚
オーブンペーパー（30×30cm）……1枚
A [カレー粉……小さじ1
　　米酢……小さじ1
　　牛乳……小さじ1
　　ハチミツ……小さじ1
　　しょうが（すりおろし）……少々
　　しょうゆ……小さじ1]

作り方
1. 鶏肉は削ぎ切りにし、塩、こしょうを振ってAの調味料と合わせ、ラップして冷蔵庫で一晩寝かす。キャベツは一口大に切る。
2. オーブンペーパーにキャベツをのせ、1の鶏肉を並べる。角と角を合わせて折り、くるくると巻き込んでから両端をキャンディーのように包む。電子レンジで3分ほど加熱する。紙を取らずにそのままの状態で冷ます。

むね肉の胡麻味噌チン！

てんきちの大好きなたれ。味噌とマヨネーズの組み合わせは意外とイケます。

材料
鶏むね肉……100g
塩・こしょう……少々
キャベツ……1枚
オーブンペーパー
（30×30cm）……1枚
A [味噌……小さじ1
　　すりごま……大さじ1
　　マヨネーズ……大さじ1
　　砂糖……ひとつまみ]

作り方
1. 鶏肉は削ぎ切りにし、塩、こしょうを振る。キャベツは一口大に切る。Aの調味料を合わせておく。
2. オーブンペーパーにキャベツをのせ、1の鶏肉を並べ、Aをかける。角と角を合わせて折り、くるくると巻き込んでから両端をキャンディーのように包む。電子レンジで3分ほど加熱する。紙を取らずにそのままの状態で冷ます。

ささみのアスパラオイマヨソテー

オットの好きなあっさりで淡白なささみを、しっとり仕上げたメインおかず。

材料
ささみ……2本
塩・こしょう……少々
卵白……大さじ2
片栗粉……大さじ1½
アスパラガス……2本
サラダ油……少々
A ┌ オイスターソース……小さじ1
　└ マヨネーズ……小さじ1

作り方
1. ささみは削ぎ切りにし、塩、こしょうを振ってボウルに入れて卵白と片栗粉を入れて混ぜる。アスパラガスは根元の皮をむき、適当な長さに切る。
2. フライパンにサラダ油をひいて中火にかけ、1のささみを広げて入れる。両面よく焼いたらアスパラガスも加えて炒め、Aで調味する。

もも肉のしょうがじょうゆ

しょうがのピリッとした辛さの後は、口の中はさっぱり！ 大人の味です。

材料
鶏もも肉……100g
こしょう……少々
小麦粉……大さじ1
サラダ油……少々
A ┌ しょうが(チューブ)……少々
　│ しょうゆ……小さじ1
　└ 砂糖……小さじ1

作り方
1. 鶏肉は削ぎ切りにし、こしょうを振って茶こしで小麦粉を全体にまぶす。Aを器で合わせておく。
2. フライパンにサラダ油をひいて中火にかけ、1を皮目からこんがりと焼く(途中で蓋をしながら両面を焼くと早く火が通ります)。
3. 2をAにさっと浸す。

チキンのマスタードマリネ

ご飯はもちろん、パンにも合うので、サンドイッチのお供にもどーぞ♪

材料
鶏もも肉……100g
塩・こしょう……少々
酒……少々
サラダ油……少々
A ┌ オリーブオイル……大さじ1
　│ 粒マスタード……小さじ1
　└ 米酢……小さじ1

作り方
1. 鶏肉は削ぎ切りにし、塩、こしょうを振る。Aを器で合わせておく。
2. フライパンにサラダ油をひいて中火にかけ、1の肉の皮からこんがりと焼き、酒を振って蓋をし、蒸し焼きにする。
3. 両面が焼けて中まで火が通ったら、Aに漬け込む。

照り焼きチキン

衣に片栗粉を使うと、照りよく美味しそうに仕上がり、しかも味もよく絡みます。

材料
鶏もも肉……100g
こしょう……少々
片栗粉……大さじ1
サラダ油……少々
A ┌ めんつゆ……小さじ1
　│ みりん……小さじ1
　│ しょうゆ……小さじ1
　└ 練り辛子……少々

作り方
1. 鶏肉は削ぎ切りにし、こしょうを振ってビニール袋に片栗粉と共に入れて振り混ぜ、全体に粉をまぶす。Aを合わせておく。
2. フライパンにサラダ油をひいて中火にかけ、1を皮から焼く。途中蓋をしながら裏面をよく焼き、火を少し弱めてAを入れ、よく絡めて照りを付ける。

ひき肉を使って

パラパラとした炒め物にしても、
ころころ丸めるにしても、形状はアナタ次第。
お弁当用に小さくまとめるのに便利な素材なんです。

ちくわの肉詰め照り

ちょっぴりのお肉が食べ応えのあるしっかりおかずに大変身！

材料
- ちくわ……3本
- 合びき肉……30g
- サラダ油……少々
- 片栗粉……大さじ1
- A
  - 塩・こしょう……少々
  - 片栗粉……小さじ1
  - マヨネーズ……小さじ1
- B
  - みりん……小さじ1
  - しょうゆ……小さじ1

作り方
1. ちくわは斜めに半分の長さに切る。合びき肉はAと一緒にこね混ぜ、ちくわの穴に詰める。
2. ビニール袋に1と片栗粉を入れて振り混ぜ、全体に粉をまぶしつける。
3. フライパンにサラダ油をひいて中火にかけ、2のちくわを転がしながら焦げ目をつける。蓋をして中まで火を通したら、Bをかけて照りを出す。

鶏ミンチとごぼうのそぼろ

ご飯の上にのっけてどーぞ♪ 汁気がなくなるまで煮詰めると汁モレも心配なし！

材料
- 鶏ひき肉……70g
- ごぼう……30g
- 卵……1個
- A
  - 水……100cc
  - しょうが（チューブ）……少々
  - みりん……小さじ1
  - しょうゆ……小さじ1
  - 塩……少々

作り方
1. ごぼうは斜めに薄切りにする。小鍋に鶏ひき肉とごぼう、Aを入れて中火にかける。沸騰したらあくをすくって火を弱め、煮汁が少なくなるまで煮詰める。
2. 溶き卵を流し入れ、大きくかき混ぜて全体に馴染ませて火を止める。

長芋と枝豆の豚そぼろ

長芋の食感と枝豆の食感が楽しいそぼろ。ご飯にたっぷりのせると美味しいの！

材料
- 豚ひき肉……100g
- 長芋……100g
- 冷凍枝豆（むき身）……大さじ1
- 塩・こしょう……少々
- A
  - 酒……小さじ1
  - しょうゆ……小さじ1

作り方
1. 長芋はさいの目に切る。フライパンを中火にかけ、豚ひき肉を炒める。肉から出た油で長芋を炒め、塩、こしょうを振る。
2. 長芋に火が通ってきたらAを加えて混ぜ、枝豆を入れて混ぜる。

また作ってね！ すぅのぺたぺた焼き

すぅのお気に入りのぺたぺた焼きシリーズ。これはかなりのお気に入り♪

材料
- 合びき肉……80g
- 卵……1個
- 冷凍じゃがいも……50g
- サラダ油……少々
- 塩・こしょう……少々
- 塩昆布……大さじ1
- 片栗粉……大さじ1

作り方
1. ボウルにサラダ油以外の材料を入れて、さい箸でくるくると混ぜる。
2. フライパンにサラダ油をひいて中火にかけ、1をスプーンですくって落とす。両面にこんがりと焦げ目をつけながら、蓋をして中まで火を通す（じゃがいもは冷凍のままなので、しっかりめに）。

フライパンでしっとり肉じゃが

じゃがいもは普段作る肉じゃがよりも小さめにカットするのがポイントです。

材料
- 合びき肉……30g
- 玉ねぎ……1/2個
- じゃがいも……小2個
- サラダ油……少々
- 味噌……小さじ1
- A
  - 水……150cc
  - 砂糖……小さじ1
  - しょうゆ……小さじ1

作り方
1. 玉ねぎはくし形に、じゃがいもは2センチ角ほどに切る。
2. フライパンにサラダ油をひいて中火に熱して、合びき肉を炒める。続いて玉ねぎ、じゃがいもを加えて炒める。Aを加えて火を弱め、蓋をして5分ほど煮る。一度かき混ぜて、もう一度蓋をして蒸し煮にし、じゃがいもに火が通ったら蓋を取って水分を飛ばす。
3. 味噌を加えて全体に絡め、さらに水分を飛ばす。

鶏ゴボつくねの甘辛煮

副菜に卵を使う予定があれば、大さじ1ほどこの生地へ入れると…フックラ！

材料
- 鶏ひき肉……100g
- ごぼう……30g
- しょうが(チューブ)……少々
- 塩・こしょう……少々
- 酒……少々
- 片栗粉……大さじ1
- 冷凍枝豆(むき身)……3粒
- サラダ油……少々
- 水……50cc
- A
  - みりん……小さじ1
  - しょうゆ……小さじ1

作り方
1. ごぼうは斜めに薄切りにしてから千切りにし、さらにみじん切りにする。
2. ボウルに鶏ひき肉、ごぼう、しょうが、塩、こしょう、酒、片栗粉を入れて手でこね混ぜ、3つの小判形に成形する。
3. フライパンにサラダ油をひいて中火にかけ、2を焼く(片側に枝豆を埋め込みます)。裏返して水を注ぎ、蓋をして蒸し焼きにする。火が通って水分が蒸発してきたらAを加えて、照りを付ける。

油揚げコロッケ

晩ごはんの残りの肉じゃががコロッケに大変身。朝は時間がないから、これでOK。

材料
- 肉じゃが(上記のレシピ参照)……1/2カップ強
- 固形チーズ……1個
- 油揚げ(薄揚げ)……1枚

作り方
1. 肉じゃがは電子レンジで温め、フォークなどで粗くつぶす。チーズは巻きやすい大きさに切る。
2. 油揚げは3辺を切り落として広げる。裏側の白い部分が外側になるように置き、つぶした肉じゃがを広げる。チーズを芯にしてくるりと巻き、楊枝で留める。
3. フライパンを温め、2を箸で転がしながらこんがりと焼く。焼けたら食べやすい大きさに切る。

信田巻き

ダシとおあげの味がひき肉に染みて、なんともいえない和の風味が昔懐かしい味。

材料
- 油揚げ(薄揚げ)……1枚
- 鶏ひき肉……60g
- 塩・こしょう……少々
- しょうが(チューブ)……少々
- 片栗粉……大さじ1
- アスパラガス……2本
- A
  - 水……100cc
  - みりん……小さじ1
  - めんつゆ……大さじ1

作り方
1. 油揚げは3辺を切り落として中を広げ、ざるに広げて熱湯を回しかけ、キッチンペーパーでしっかり水気を取る。
2. 鶏ひき肉に塩、こしょうとしょうが、片栗粉を入れてスプーンで混ぜ、油揚げに塗りつける。アスパラを芯にしてしっかりと巻く。
3. 小鍋に2の巻き終わりを下にして入れ、Aを注いで中火にかける。蓋をし、時々箸で転がしながら煮汁がなくなるまで煮詰め、中まで火を通す。

牛肉を使って

どうだ！ 牛肉だッ。
育ち盛り、働き盛りの男たちにはしっかり食べてもらわなきゃ。
肉は少量でも納得のボリュームおかずがイイ！

牛肉とピーマンの切り干し味噌炒め

お肉の少なさは切り干し大根の歯ごたえでカバー。バリバリ美味しいですよ。

材料
牛こま肉……60g
ピーマン……1個
切り干し大根……10g
片栗粉……大さじ1
しょうが(すりおろしたもの)……少々
サラダ油……少々
A ┌ 味噌……小さじ1
  │ 砂糖……小さじ1/2
  └ しょうゆ……小さじ1/2

作り方
1. ピーマンは小さめの一口大に切る。切り干し大根は水でよく洗って水気を絞る。牛肉はしょうがをもみ込み、ビニール袋に片栗粉と共に入れて振り混ぜ、全体に粉をまぶす
2. フライパンにサラダ油をひいて中火にかけ、切り干し大根を炒める。端っこに寄せて、空いたところで肉、さらにピーマンを加えてそのつどよく炒め、最後に全体を混ぜて炒める。
3. Aを加えて混ぜ、照りをつける。

牛肉とじゃがいもの甘辛煮

冷凍じゃがいもはあらかじめ火が通っているので、煮くずれしないよう注意して。

材料
牛こま肉……60g
冷凍じゃがいも……60g
A ┌ 水……50cc
  │ 砂糖……小さじ1
  │ しょうゆ……小さじ1
  └ 酒……小さじ1
マーガリン……5g

作り方
1. 小鍋にAを入れて中火にかけ、煮立ったところに牛肉と冷凍じゃがいもを入れて再び煮立たせる。
2. あくを取って汁気がなくなるまで煮つめ、仕上げにマーガリンを絡める。

牛カツ

薄っぺら〜なお肉だから、フライパンでカンタンに揚げ焼きできるんです。

材料
牛肉(焼肉用)……4枚
塩・こしょう……少々
サラダ油……少々
ウスターソース……少々
A ┌ 小麦粉……大さじ1
  │ マヨネーズ……大さじ1
  └ 水……大さじ2
パン粉……適量

作り方
1. 牛肉はすりこぎなどで全体を叩く(のばす感じ)。塩、こしょうを振って、Aを合わせたものにくぐらせ、パン粉をつける。
2. フライパンにサラダ油をひいて中火にかけ、肉を両面カリッと焼く。ウスターソースをつけてからお弁当へ入れる。

お肉はちょっぴり、野菜たっぷり焼肉！

野菜は冷蔵庫にあるもの、なんでも！ 前日に野菜を切っておくと朝がラク。

材料
- 牛こま肉……60g
- 玉ねぎ……1/4個
- しめじ……1/2パック
- 片栗粉……大さじ1
- サラダ油……少々
- A
  - オイスターソース……小さじ1
  - しょうゆ……小さじ1/2
  - 砂糖……小さじ1/2
  - 塩・こしょう……少々

作り方
1. 牛肉は片栗粉と共にビニール袋に入れて振り混ぜ、全体に粉をまぶす。玉ねぎは薄切りにし、しめじは石づきを取って小房に分ける。
2. フライパンにサラダ油をひいて中火にかけ、玉ねぎとしめじをさっと炒める。端っこに寄せて、空いたところで牛肉もさっと炒め、Aを加えて調味し全体に味を馴染ませる。

牛肉のマリネ

夏場に嬉しいさっぱり味のマリネ。お酢には防腐効果もあるので夏も安心！

材料
- 牛肉(焼肉用)……4枚
- 塩・こしょう……少々
- 片栗粉……大さじ1
- 玉ねぎ……1/4個
- 赤ピーマン……少々
- サラダ油……少々
- A
  - 粒マスタード……小さじ1/2
  - オリーブオイル……大さじ1
  - 米酢……小さじ1
  - 塩こしょう……少々

作り方
1. 玉ねぎは薄切りにして塩水(分量外)につけて手でもみ、流水で流してしっかり絞る。赤ピーマンも薄切りにして一緒にボウルに入れ、Aを入れて混ぜておく。
2. 牛肉に塩、こしょうをして片栗粉と共にビニール袋に入れて振り混ぜ、全体に粉をまぶす。
3. フライパンにサラダ油をひいて中火にかけ、牛肉を両面こんがりと焼く。焼けたらすぐに1に入れて和える。

牛肉の味噌漬け

前の晩に、ラップに味噌を薄くのばして味噌漬けに。ご飯のススムおかずです。

材料
- 牛肉(焼肉用)……4枚
- 味噌……小さじ1
- サラダ油……少々

作り方
1. ラップに味噌を薄く広げて(牛肉4枚分の大きさに合わせて)のばし、牛肉を並べる。牛肉の両面が味噌に触れるようにラップで包み、冷蔵庫で一晩寝かせる。
2. ラップを外し、表面の味噌を丁寧にスプーンでこそげ取る。フライパンにサラダ油をひいて中火にかけ、肉を焦げつかせないようにさっと焼く。

牛肉とごぼうの甘辛がらめ

お肉の少なさは、ごぼうの歯ごたえでカバー。甘辛味は子供も大人も大好き！

材料
- 牛こま肉……60g
- ごぼう……40g
- 片栗粉……大さじ1
- サラダ油……少々
- 黒こしょう……少々
- 白ごま……小さじ1
- A
  - 砂糖……小さじ1
  - しょうゆ……小さじ1
  - 酒……小さじ1
  - 水……大さじ1

作り方
1. ごぼうは斜めに薄切りし、牛肉と片栗粉と共にビニール袋に入れて振り混ぜ、全体に粉をまぶす。Aは耐熱容器に合わせてから電子レンジに20秒かけ、アルコール分を飛ばす。
2. フライパンにサラダ油をひいて中火にかけ、ごぼうと牛肉を広げて入れる。こんがりと焦げ目をつけながら中まで火を通し、Aの入った器に入れて和え、黒こしょう、白ごまを振って仕上げる。

お魚のおかず

冷めてもかたくならず、味のつきもよいお魚はとーってもお弁当向きだってこと知ってました？
嫌いなお子様も多いけど、カレー味に、海苔風味、バター風味など、そこは味付けで勝負！
味付けと同様、火もしっかり通して夏場対策も忘れずに。

さんまのカレー塩ソテー

冷凍のさんまフィレーは常備しておくと、超便利。冷めても柔らかで食べやすいんです。

材料
さんまフィレー(冷凍)……3枚
塩……少々
サラダ油……少々
A ┌ 小麦粉……小さじ2
　├ カレー粉……小さじ1
　└ 粉チーズ……小さじ1

作り方
1. さんまフィレーは解凍し、食べやすい大きさに切り、塩を振ってしばらく置く。出てきた水分をキッチンペーパーで拭いてAを混ぜ、さんまにまぶす。
2. フライパンにサラダ油をひいて中火にかけ、さんまの身のほうからソテーする。

さんまの海苔チーズソテー

末娘のすぅの大好物。海苔と粉チーズの組み合わせが、口に合うみたいです。

材料
さんまフィレー(冷凍)……3枚
塩……少々
サラダ油……少々
A ┌ 小麦粉……小さじ2
　├ 青海苔……小さじ1
　└ 粉チーズ　小さじ1

作り方
1. さんまフィレーは解凍し、食べやすい大きさに切り、塩を振ってしばらく置く。出てきた水分をキッチンペーパーで拭いてAの粉を混ぜ、さんまにまぶす。
2. フライパンにサラダ油をひいて中火にかけ、さんまの身のほうからソテーする。

さんまの蒲焼き

フライパンで調味しなくても、片栗粉のおかげでしっかり味が絡みます。

材料
さんまフィレー(冷凍)……3枚
塩……少々
片栗粉……小さじ2
サラダ油……少々
A ┌ しょうゆ……小さじ1
　├ 砂糖……小さじ1
　├ しょうが
　│ (チューブ)……少々
　└ すりごま……少々

作り方
1. さんまフィレーは解凍し、食べやすい大きさに切り、塩を振ってしばらく置く。出てきた水分をキッチンペーパーで拭いて、ビニール袋に片栗粉と共に入れて振り混ぜ、全体に粉をまぶす。Aは皿に合わせておく。
2. フライパンにサラダ油をひいて中火にかけ、さんまを身のほうからソテーする。両面こんがりと焼けたらAに入れて和え、冷ます。

たらとキャベツのコチュマヨ蒸し

冷めても柔らかいたらは、実はレンジ調理向き。スピーディに仕上げましょ。

材料
たらの切り身……1切れ
キャベツ……2枚
オーブンペーパー
(30×30cm)……1枚
A ┌ 味噌……小さじ1
　├ マヨネーズ……小さじ1
　└ コチュジャン……小さじ1

作り方
1. たらとキャベツは一口大に切る。Aを合わせる。
2. オーブンペーパーにキャベツ、たら、Aの順でのせる。オーブンペーパーの角と角を合わせて3〜4回ほど折り込み、両端はキャンディーのようにねじって留める。
3. 2をお皿にのせ、電子レンジで3分半ほど加熱する。

ぶりの柚子胡椒漬け

肉厚のぶりは食べごたえバッチリ。柚子の爽やかな香りも食欲をそそります。

材料
ぶりの切り身……1切れ
塩……少々
片栗粉……小さじ2
サラダ油……少々
A ┌ しょうゆ……小さじ2
　├ 砂糖……ひとつまみ
　└ 柚子胡椒……少々

作り方
1. ぶりは一口大に切り、塩を振ってしばらく置き、出てきた水分をキッチンペーパーで拭き取る。片栗粉と共にビニール袋に入れてふり、全体に粉をまぶす。Aを皿で合わせておく。
2. フライパンにサラダ油をひいて中火にかけ、1のぶりを両面こんがりとソテーする。焼けたらAで和える。

塩鮭の手ぬき春巻き

魚が苦手なお子ちゃま向きおかずです。パリパリ春巻きの食感がいい！

材料
塩鮭の切り身……1切れ
じゃがいも(冷凍でも可)……1個
粉チーズ……大さじ1
春巻きの皮……2枚
サラダ油……少々

作り方
1. 冷凍じゃがいもの場合は、前夜から冷蔵庫で自然解凍しておく(もしくは電子レンジで数秒かけて解凍する)。じゃがいもは7ミリ角ほどに細長く切り、水をくぐらせて皿にのせ、ふんわりとラップをかけて電子レンジで1分半ほど加熱する。
2. 鮭は同じくらいの大きさの細切り、春巻きの皮は2つに切って長方形にする。
3. 春巻きの皮にじゃがいもと鮭を置き、粉チーズを振ってくるくると巻く。フライパンにサラダ油をひいて巻き終わりを下にして並べ、中火で、全体にこんがりと色づくまで揚げ焼きにする。

塩鮭の胡麻バター蒸し

和風食材の塩鮭が洋風に変身！ごまの風味がふわっと漂って、食欲倍増です。

材料
塩鮭の切り身……1切れ
キャベツ……2枚
オーブンペーパー(30×30cm)……1枚
A ┌ すりごま……大さじ1
　└ マーガリン……10g

作り方
1. キャベツは一口大に切る。オーブンペーパーにキャベツ、その上に鮭をのせ、さらにすりごまとマーガリンをのせる。オーブンペーパーの角と角を合わせて3〜4回ほど折り込み、両端はキャンディーのようにねじって留める。
2. 1を耐熱皿に乗せ、電子レンジで3分半ほど加熱する。

たらのカレーピカタ

淡白なたらをカレー味に。見た目はコロコロ……チキンナゲットみたい？

材料
たらの切り身……1切れ
塩・こしょう……少々
小麦粉……大さじ1
サラダ油……少々
A ┌ 卵……1個
　├ 粉チーズ……小さじ1
　├ カレー粉……小さじ1/2
　└ 塩……少々

作り方
1. たらは一口大に切り、塩、こしょうを振って茶こしで小麦粉を両面に振る。Aの材料をボウルに溶いておく。
2. フライパンにサラダ油をひいて中火にかけ、1のたらをAに絡めて並べる。卵液が残っているので、これをたらに何度か絡めながら焼く。

お魚のおかず

シーフードミックスとマカロニのソテー

これがメインだと足りないオットは、ご飯のおかずの一品として持っていきます。

材料
- シーフードミックス……100g
- マカロニ(早ゆでタイプ)……50g
- 白ワイン……大さじ1
- 塩・こしょう……適量
- 固形スープの素……1/2個
- オリーブオイル(ガーリックオイルでも可)……大さじ1

作り方
1. シーフードミックスは解凍しておく。マカロニを袋の表示時間どおりにゆでる。
2. フライパンにオリーブオイルを入れて中火にかけ、シーフードミックスの汁気を切って入れて炒める。白ワインを振ってマカロニを入れ、固形スープの素を刻んで入れる。
3. 塩、こしょうで味をととのえる。

さばのノルウェー風

さばの塩加減によっておしょうゆは加減して。甘～いソースとの相性バッチリ！

材料
- 塩さばの切り身(薄味)……1切れ
- 片栗粉……大さじ1
- サラダ油……少々
- A
  - ケチャップ……小さじ1
  - しょうゆ……少々
  - ウスターソース……小さじ1
- 白ごま……少々

作り方
1. さばは2つに切り、片栗粉と共にビニール袋に入れて振り混ぜ、全体に粉をまぶす。Aをボウルで合わせておく。
2. フライパンにサラダ油をひいて中火にかけ、1のさばを身のほうからソテーする。両面こんがりと中までしっかり焼けたらAの中に入れて絡め、白ごまを振る。

さばの梅しょうゆ漬け

梅干の酸味とめんつゆのたれが極ウマ！ ご飯のすすむお魚のおかずです。

材料
- 塩さばの切り身(薄味)……1切れ
- 片栗粉……大さじ1
- サラダ油……少々
- A
  - 梅干……1個
  - めんつゆ……小さじ2

作り方
1. さばは2つに切り、片栗粉と共にビニール袋に入れて振り混ぜ、全体に粉をまぶす。Aの梅干は種を取ってほぐし、めんつゆと一緒にボウルに入れて混ぜておく。
2. フライパンにサラダ油をひいて中火にかけ、1のさばを身のほうからソテーする。両面こんがりと中までしっかり焼けたらAの中に入れて絡める。

さばの黒酢あん

黒酢は油を使った魚料理と相性抜群。さっぱりとさせ、コクを与えてくれます。

材料
- 塩さばの切り身(薄味)……1切れ
- 片栗粉……大さじ1
- サラダ油……少々
- A
  - 砂糖……小さじ1
  - 黒酢……小さじ1
  - しょうゆ……小さじ1

作り方
1. さばは2つに切り、片栗粉と共にビニール袋に入れて振り混ぜ、全体に粉をまぶす。Aをボウルで合わせておく。
2. フライパンにサラダ油をひいて中火にかけ、1のさばを身のほうからソテーする。両面こんがりと中までしっかり焼けたら、Aの中に入れて絡める。

さばのカレーじょうゆ

さばの塩加減でしょうゆの量は加減を。カレー粉との相性は言わずもがな♪

材料
塩さばの切り身（薄味）
……1切れ
片栗粉……大さじ1
サラダ油……少々
A［ カレー粉……小さじ1/2
　　砂糖……小さじ1/2
　　しょうゆ……小さじ1 ］

作り方
1. さばは2つに切り、片栗粉と共にビニール袋に入れて振り混ぜ、全体に粉をまぶす。Aをボウルで合わせておく。
2. フライパンにサラダ油をひいて中火にかけ、1のさばを身のほうからソテーする。両面こんがりと中までしっかり焼けたら、Aの中に入れて絡める。

安いウマい早い、イカチリ！

冷凍イカはスティック状にカットされているものを使用。ウチは常備してます。

材料
冷凍イカ（冷蔵庫で解凍したもの）
……100g
塩・こしょう……少々
片栗粉……大さじ1
しめじ……1/2パック
サラダ油……少々
しょうが……1片
A［ 酒……小さじ1
　　ケチャップ……小さじ1
　　しょうゆ……小さじ1
　　砂糖……小さじ1/2
　　豆板醤……小さじ1/3
　　鶏がらスープの素……小さじ1/3 ］

作り方
1. しめじは石づきを取って小房に分ける。イカは格子目を入れてスティック状に切り、塩、こしょうを振って片栗粉と共にビニール袋に入れて振り混ぜ、全体に粉をまぶす。しょうがはみじん切りにする。Aは小さな器で合わせておく。
2. フライパンにサラダ油をひいて中火にかけ、イカを焼く。全体に火が通ったら、しょうがとしめじを加えて炒め、Aを流し入れて絡める。

イカとスナップえんどうのしょうが炒め

油が多いとイカが跳ねる原因に。油は少なく、イカの水分は拭き取ってから。

材料
冷凍イカ（冷蔵庫で解凍しておく）
……100g
塩・こしょう……少々
片栗粉……大さじ1
サラダ油……少々
しょうが……1片
スナップえんどう……7さや
A［ 鶏がらスープの素……小さじ1/3
　　水……大さじ1
　　酒……小さじ1
　　塩・こしょう……少々 ］

作り方
1. イカは格子目を入れてスティック状に切り、塩、こしょうを振って片栗粉と共にビニール袋に入れて振り混ぜ、全体に粉をまぶす。しょうがは千切り、スナップエンドウは筋を取る。Aを小さな器に合わせておく。
2. フライパンにサラダ油をひいて中火にかけ、イカを焼く。全体に火が通ったらスナップエンドウとしょうがを加えてさっと炒め合わせ、Aを流し入れる。フライパンをゆすって全体を絡める。

海鮮チヂミ

シーフードミックスは前日に冷蔵庫で解凍。水気をしっかり切ってから調理して。

材料
シーフードミックス……50g
ニラ……1/3束
塩……少々
片栗粉……大さじ1
小麦粉……大さじ2
水……大さじ1
白ごま……大さじ1
サラダ油……少々
しょうゆ……適量

作り方
1. シーフードミックスは解凍し、水気を切ってボウルに入れる。ニラは3センチくらいの長さに切って、同じボウルに入れる。
2. 1に塩、片栗粉、小麦粉を入れて混ぜ、水、白ごまを加えてざっくりと箸でかき混ぜる。
3. フライパンにサラダ油をひいて中火にかけ、2の生地を3つに分け、裏返してフライ返しで押し付けながらしっかり焼く。しょうゆをさっと加えて仕上げる。

野菜のおかず

お弁当のおかず作りは、冷蔵庫で眠っているお野菜を使うのがポイント！　野菜数種を組み合わせ、それぞれ少量で完成するおかずばかりなので、朝食のおみそ汁の野菜などを少～しだけ残しておけば、それがオットや子どもたちのランチになる☆

いろんな野菜を使って

ほうれん草とにんじんの胡麻ナムル

一品あるだけで色合いが華やかになります。前夜に野菜をゆでておくとラク！

材料
ほうれん草……1/4束
にんじん……1/4本
A ┌ すりごま……大さじ1
　├ 塩……ひとつまみ
　├ しょうゆ……小さじ1
　└ ごま油……大さじ1

作り方
1. ほうれん草と千切りにしたにんじんはそれぞれ熱湯でさっとゆでる。ほうれん草は冷水にとってぎゅっと絞り、4センチの長さに切る。にんじんはざるに広げて粗熱をとる。
2. Aの調味料で1を和える。

ほうれん草とにんじんのレンジ卵炒り

レンジで簡単に作れちゃう、炒り卵もどき。ポイントはマヨネーズです！

材料
ほうれん草……1/4束
にんじん……1/4本
A ┌ 卵……1個
　├ マヨネーズ……大さじ1
　├ 塩……ひとつまみ
　└ しょうゆ……小さじ1

作り方
1. ほうれん草と千切りにしたにんじんはそれぞれ熱湯でさっとゆで、ほうれん草は冷水にとってぎゅっと絞り、4センチの長さに切る。にんじんはざるに広げて粗熱をとる。
2. 小さめの耐熱ボウルに水気をしっかり切った1とAを入れて箸で混ぜる。電子レンジで1分加熱し、一度かき混ぜてさらに20～30秒ほど加熱して混ぜる。

炒りこんにゃく

こんにゃくは下味に漬けておくと、短時間でも味染みが良くなり臭みも取れます。

材料
板こんにゃく……100g
A ┌ しょうゆ……小さじ1
　├ みりん……小さじ1
　├ 塩……ひとつまみ
　└ 豆板醤……少々

作り方
1. こんにゃくは塩を振って（分量外）よくもみ、ぬめりを取って水でよく洗う。2センチ角に切り、Aと共にボウルに入れて一晩置く。
2. 鍋にこんにゃくの汁気を切って入れて、空炒りにする。

しっかり味のおかずこんにゃく

ダイエット中でも、バクバク食べられます。罪悪感少なくお腹いっぱいにww

材料
板こんにゃく……100g
白ごま……少々
A [しょうゆ……小さじ1
　　マヨネーズ……大さじ1
　　オイスターソース……小さじ1]

作り方
1. 板こんにゃくは塩(分量外)でしっかりもみ、水で流して薄切りにし、Aの調味液に漬けて一晩置く。
2. 汁気を切って鍋で空炒りにする。仕上げに白ごまを振る。

カレー大根

優しい甘さの大根をカレー味でピリッ。子どもたちも大好きな味です。

材料
大根……5cm
ベーコン……1枚
サラダ油……少々
バター……5g
A [砂糖……大さじ1/2
　　しょうゆ……大さじ1/2
　　水……大さじ3
　　カレー粉……小さじ1/2]

作り方
1. 大根はいちょう切りに、ベーコンは細かく切る。Aを合わせておく。
2. 小さなフライパンにサラダ油を入れて中火にかけ、ベーコンを炒める。大根も加えて炒め、Aを加えて大根に火が通るまで炒め煮にする。
3. 汁気が少なくなり大根に火が通ったらバターを入れて、全体に絡めて火を止める。

しいたけの甘辛

味が濃くて食べごたえあり！ しいたけ嫌いの人でも食べやすい味……かな？

材料
しいたけ……4枚
片栗粉……大さじ1
サラダ油……適量
A [砂糖……小さじ1弱
　　しょうゆ……小さじ1]

作り方
1. しいたけは石づきを取って大きければ2つに切る。ビニール袋に片栗粉としいたけを入れて振り混ぜ、全体に粉をまぶしつける。小さなボウルにAを合わせておく。
2. フライパンにサラダ油をひいて1を揚げ焼きにする。全体にこんがりと焦げ目がついたらAのボウルに熱いうちに漬け、絡める。

しめじのマヨソテー

サッと火の通るきのこ類は、価格も安いし低カロリー。主婦の味方ですッ♪

材料
しめじ……1/2パック
マヨネーズ……大さじ1
A [塩・こしょう……少々
　　しょうゆ……小さじ1]

作り方
1. しめじは石づきを取って小房に分ける。
2. フライパンにマヨネーズを入れて中火で熱し、しめじを炒めAを加えて調味する。

いろんな野菜を使って

🌿 冷凍じゃがいもの粒マス＠レンチンで！

電子レンジでできる簡単副菜。冷凍じゃがいもを使うのが時間短縮のポイント！

材料
冷凍じゃがいも……80g
A ┌ 粒マスタード……小さじ1弱
　├ しょうゆ……小さじ1
　├ サラダ油……小さじ1
　└ 塩……少々

作り方
1. 耐熱容器に冷凍じゃがいもとAを入れて軽くかき混ぜ、ふんわりとラップをかける。
2. 電子レンジを途中で止めて一度かき混ぜながら、合計2分加熱する。

🌿 キャベツ＠レンチンで！

レンジでチンして和えるだけ。主菜を邪魔せず、適度に美味しい優秀な副菜です。

材料
キャベツ……2枚
A ┌ 塩……少々
　├ 黒こしょう……少々
　└ ごま油……小さじ1

作り方
1. キャベツは洗ってビニール袋に入れ、電子レンジで1〜2分加熱する。食べやすい大きさに切る。
2. 水気を絞ってボウルに入れ、Aで和える。

🌿 わかめのかき揚げ

お味噌汁用のカットわかめを使ったかき揚げ。卵を使わないのでカリカリ！

材料
乾燥わかめ（カット）……1/4カップ
冷凍枝豆（むき身）……大さじ1強
薄力粉……大さじ1
水……大さじ1
塩……ひとつまみ
白ごま……大さじ1
サラダ油……適量

作り方
1. 乾燥わかめはたっぷりの水で戻し、水気をぎゅっと絞る。枝豆は流水にさらして解凍し、水気を切る。
2. ボウルにわかめ、枝豆白ごまを入れて塩、薄力粉を入れてざっとかき混ぜ、水を入れて混ぜる。
3. フライパンにサラダ油を入れて中火で熱し、2を2つに分けて落とし、両面こんがりと揚げ焼きする。

🌿 わかめ炒め

お味噌汁用のカットわかめは優秀！ しっかりおかず系の副菜にもなります。

材料
乾燥わかめ（カット）……1/4カップ
しょうが……1/2片
青ねぎ……1本
白ごま……大さじ1
サラダ油……少々
A ┌ みりん……小さじ1
　└ しょうゆ……小さじ1

作り方
1. 乾燥わかめはたっぷりの水で戻し、水気をぎゅっと絞る。しょうがは千切りにする。青ねぎは小口切りにする。
2. フライパンにサラダ油をひいて中火にかけ、しょうがを炒め、続いてわかめ、青ねぎを加えて炒める。Aを加えて調味し、白ごまを振る。

冷凍じゃがいもの甘辛チン！

電子レンジ使用であっという間に完成！ 甘辛味でご飯も進むうれしい味です。

材料
冷凍じゃがいも……80g
A[砂糖……小さじ1
　 しょうゆ……小さじ1
　 マーガリン……小さじ1]
白ごま……適量

作り方
1. 耐熱容器に冷凍のじゃがいもとAを加えて軽く混ぜ、ふんわりとラップをかける。
2. 電子レンジで、途中で混ぜながら2分加熱する。白ごまを振る。

切り干し大根ときゅうりの中華サラダ

切り干しは、水分を吸ってくれるので汁モレ対策もバッチリな食材なんです♪

材料
切り干し大根……15g
きゅうり……1/2本
冷凍コーン……大さじ1
塩……適量
A[ごま油……小さじ2
　 しょうゆ……小さじ1]

作り方
1. 切り干し大根はさっと水で洗い、しっかり絞って食べやすい長さに切る。きゅうりは小口切りにして塩を振り、手でもんでしばらく置く。
2. きゅうりの水分をしっかり絞り、切り干し大根、冷凍コーンと和えて、Aで和える。

切り干し大根の明太和え

香ばしく焼いた切り干し大根がバリバリと美味しい！ 明太子との相性も◎。

材料
切り干し大根……15g
サラダ油……小さじ1
A[明太子……大さじ1
　 しょうゆ……小さじ1/2
　 マヨネーズ……小さじ1]

作り方
1. 切り干し大根は水で洗って戻し、食べやすい長さに切る。ぎゅっと絞ってサラダ油をまぶし、アルミ箔を敷いたオーブントースターで2〜3分、こんがりとやや焦げ目がつくくらいに焼く。
2. ボウルにAを合わせておき、焼いた1と和える。

サトイモの柚子胡椒サラダ

サトイモはレンジでチンしてから皮をむきましょう。これなら手もかゆくならない！

材料
サトイモ……小3〜4個
A[柚子胡椒……少々
　 マヨネーズ……小さじ1
　 塩……少々]

作り方
1. サトイモは皮付きのままビニール袋に入れて、電子レンジで約4分柔らかくなるまで加熱する。半分に切って皮をぎゅっと押して中身を取り出す。
2. 1をAで和える。

緑の野菜を使って

繊維質で体にいいのはもちろんのこと、季節を感じさせてくれる野菜。
少し熱を入れると色も鮮やかになって見栄えも◎。

🌿 スナップえんどうとツナのトースター焼き

かつおぶしで余分な水分を吸わせてさらにうま味もアップ！ご飯に合いますよ。

材料
スナップえんどう……5さや
ツナ缶……大さじ2
マヨネーズ……小さじ1
しょうゆ……少々
かつおぶし……大さじ1

作り方
1. スナップえんどうは1つを3等分に切る。材料を全て和え、アルミカップに入れる。
2. オーブントースターで5分ほど焼き色がつくまで焼く。

🌿 ブロッコリーのマヨチー焼き

ブロッコリーは前日にゆでて準備して。焦げたチーズの香りが食欲をそそります。

材料
ブロッコリー
(ゆでたもの)……小房3〜4個
マヨネーズ……適量
粉チーズ……適量

作り方
1. 耐熱の紙カップにブロッコリーを並べ、上からマヨネーズ、粉チーズを振りかけてオーブントースターで約3〜4分焦げ目がつくまで焼く。

🌿 小松菜と油揚げのザーサイ和え

小松菜はあくが少ないので電子レンジ調理向き。ただし加熱のしすぎには注意！

材料
小松菜……1株
油揚げ……1/3枚
ザーサイ(刻んだもの)……大さじ1
A ┌ しょうゆ……少々
　├ ごま油……少々
　└ すりごま……小さじ1

作り方
1. 小松菜は洗って水がついたままラップに包み、電子レンジで約30秒ほど加熱する。冷水にとってしっかり水気を絞り、3センチくらいの長さに切る。
2. 油揚げはオーブントースターで約4〜5分焦げ目がつくまで焼き、細切りにする。ザーサイも細かく刻む。全ての材料をAで和える。

🌿 小松菜とコーンのレンチンバター

小松菜で作る洋風おかず。緑と黄色のコントラストがポップでかわいいでしょ♪

材料
小松菜……1株
冷凍コーン……大さじ2
A [塩・こしょう……少々
    マーガリン……小さじ1]

作り方
1. 小松菜は洗って水がついたままラップに包み、電子レンジで約30秒ほど加熱する。冷水にとってしっかり水気を絞り、3センチくらいの長さに切る。
2. 耐熱容器に小松菜、コーン、Aを入れ、ふんわりとラップをかけて電子レンジで1分加熱し、ラップを外して混ぜて冷ます。

🌿 小松菜と焼きちくわのわさび和え

練り製品をお弁当に入れるときには、一度必ず火を通すことが鉄則です！

材料
小松菜……1株
ちくわ……1本
A [わさび……少々
    めんつゆ……小さじ1]

作り方
1. 小松菜は洗って水がついたままラップに包み、電子レンジで約30秒ほど加熱する。冷水にとってしっかり水気を絞り、3センチくらいの長さに切る。
2. ちくわはオーブントースターで焦げ目がつくまで焼き、小口切りにする。
3. 小松菜、ちくわとAをよく混ぜ合わせる。

🌿 きゅうりのゆかり和え

お昼に食べるころには味もしっかり馴染んで、口直しのおかずにピッタリ！

材料
きゅうり……1/2本
ゆかり……大さじ1

作り方
1. きゅうりは小口切りにし、塩少々（分量外）を振ってしばらく置いてしんなりさせ、ぎゅっと水気を絞る。
2. ゆかりで和える。

🌿 きゅうりのくるくる巻き巻き

梅干とチーズの組み合わせって意外でしょ？　でも……好きなんです♪

材料
きゅうり……1/2本
スライスチーズ……2枚
梅干……1個

作り方
1. きゅうりはピーラーで縦に薄く切る。チーズはきゅうりの幅に合わせて切る。梅干は種を取ってほぐす。
2. きゅうりの上にチーズ、梅干の順にのせて、くるくると巻く（写真は2重に巻いています）。巻き終わりは楊枝で留める。

緑の野菜を使って

🌿 ブロッコリーの梅めんつゆ

前の晩にブロッコリーをゆでたついでにパパッと作って冷蔵庫にポン……で完成。

材料
ブロッコリー
（ゆでたもの）……小房4個
A ┌ 梅干……1個
　├ めんつゆ……大さじ1
　└ すりごま……大さじ1

作り方
1. 梅干は種を除いて細かくちぎる。Aを小さなボウルに合わせ、ゆでたてのブロッコリーと和える。

🌿 ブロッコリーの明太マヨ

生の明太子を使っているので、冬限定のおかずってことで……よろしくねッ。

材料
ブロッコリー
（ゆでたもの）……小房4個
A ┌ 明太子……大さじ1
　└ マヨネーズ……大さじ1

作り方
1. Aを合わせ、ゆでたてのブロッコリーと和える。

🌿 サニーレタスの酢味噌和え

レタスは生で食べるだけじゃないのだッ。こんな酢味噌和えはいかがですか？？

材料
サニーレタス……2枚
A ┌ 味噌……小さじ1
　├ 砂糖……小さじ1
　└ 米酢……小さじ1

作り方
1. サニーレタスは熱湯でさっとゆで、冷水にとって水気を絞る。食べやすい長さになるように横と縦に切る。
2. 1をAで和える。

🌿 サニーレタスの胡麻和え

ほんのり甘さが嬉しい胡麻和え。すりごまが余分な水分を吸ってくれるんです。

材料
サニーレタス……2枚
A ┌ 砂糖……小さじ1
　├ しょうゆ……小さじ1
　└ すりごま……大さじ1

作り方
1. サニーレタスは熱湯でさっとゆで、冷水にとって水気を絞る。食べやすい長さになるように横と縦に切る。
2. 1をAで和える。

ピーマンとツナの炒め物

材料を切って混ぜて、あとはレンジに。なーちゃんのお気に入りおかずです☆

材料
- ピーマン……2個
- ツナ缶……大さじ1
- 塩昆布……大さじ1
- しょうゆ……小さじ1
- ごま油……小さじ1
- 白ごま……小さじ1

作り方
1. ピーマンは5ミリくらいの幅に切る。白ごま以外の材料を全て耐熱容器に入れて混ぜ、ふんわりとラップをかける。
2. 電子レンジで2〜2分半ほど加熱し、よく混ぜる。白ごまを振りかけて仕上げる。

枝豆のチーズ春巻き

居酒屋メニューだけど、粉チーズでしっかり味付けすれば、ちゃんとおかずに！

材料
- 冷凍枝豆(むき身)……大さじ2
- 春巻きの皮……1枚
- 粉チーズ……大さじ2
- サラダ油……適量

作り方
1. 春巻きの皮は半分に切り、枝豆と粉チーズを巻く。
2. フライパンにサラダ油を入れて中火にかけ、1の巻き終わりを下にして並べる。全体を転がしながら揚げ焼きにする。

枝豆のもっちりお焼き

ムチムチした食感はまるで……ちくわ？ 枝豆がアクセントになってます。

材料
- 冷凍枝豆(むき身)……35g
- じゃがいも……50g
- 塩……ふたつまみ
- 小麦粉……大さじ1
- サラダ油……少々

作り方
1. ボウルに、枝豆とすりおろしたじゃがいも、塩、小麦粉を入れてスプーンで混ぜる。
2. フライパンにサラダ油をひいて中火で熱し、1を2つに分けてスプーンで落として両面をこんがりと焼く。

セロリのおかか和え

セロリは筋を断ち切るように斜めの薄切りにすると、気にならず食べられます。

材料
- セロリ……1/2本
- A [かつおぶし……大さじ2
     しょうゆ……小さじ1
     塩……少々]

作り方
1. セロリは斜めに薄切りにし、熱湯でゆでる。(葉っぱはそのままゆでて冷水にとり、絞ってみじん切りにする)
2. 1をAで和える。

赤の野菜を使って

トマトやパプリカなどの真っ赤な野菜は、お弁当の彩りに必須！
体に良い栄養素もたっぷりだから積極的にとりたいですねー！

キャロットサラダ

ほんのちょっぴりのお砂糖が、にんじんの甘さをググッと引き出してくれます。

材料
にんじん……1/3本(60g)
塩……ひとつまみ
A ┌ 砂糖……小さじ1/2
　├ サラダ油……小さじ1
　├ レーズン……大さじ1
　└ 塩・こしょう……少々

作り方
1. にんじんは千切りにしてボウルに入れて塩を振り、手でもむ。水をひたひたに入れ、少し置く。
2. 1の水気を絞り、Aで和える。

にんじんとおかかのかき揚げ

油と相性の良いにんじんは、加熱するとびっくりするほど甘くなります。

材料
にんじん……1/3本(60g)
かつおぶし……3g
塩……ひとつまみ
小麦粉……大さじ2
水……大さじ1½
サラダ油……適量

作り方
1. にんじんは太めの千切りにする。かつおぶしと塩と共にボウルに入れてざっくり混ぜ、さらに小麦粉を入れて全体に粉がつくように混ぜる。そこへ水を入れて混ぜる。
2. フライパンにサラダ油を5ミリくらいの高さになるように入れて中火で熱し、1を箸でまとめながら入れる。片面がしっかり固まったら裏返し、両面をこんがりと揚げ焼きにする。

にんじんのシャキシャキナムル

その日のお弁当で使うフライパンでゆでれば、洗い物も少なくて時間も短縮！

材料
にんじん……1/3本(60g)
A ┌ 塩……少々
　├ すりごま……大さじ1
　├ しょうゆ……小さじ1
　└ ごま油……小さじ1

作り方
1. フライパンに水（分量外）を少量入れて沸騰させ、千切りにしたにんじんをさっとゆでて、ざるにあける。
2. 粗熱が取れたら水気を軽く絞り、Aで和える。

赤ピーマンとじゃがいものマヨしょうゆ和え

じゃがいも入りのボリュームのある副菜。主菜が頼りないときに活躍してくれます。

材料
- 赤ピーマン……1/2個
- 冷凍じゃがいも……5個
- サラダ油……少々
- A
  - 塩……少々
  - しょうゆ……小さじ1
  - マヨネーズ……小さじ1
- 白ごま……小さじ1

作り方
1. 赤ピーマンはじゃがいもの大きさより少し細めに切る。
2. フライパンにサラダ油をひいて中火にかけ、じゃがいもを並べる。全面がこんがりときつね色になったら赤ピーマンも入れて火を通す。
3. 2にAを加えて調味し、白ごまを振る。

赤ピーマンとツナのサラダ

電子レンジで作るサラダ。甘い赤ピーマンは色も鮮やかに仕上がるのヽ(´▽`)/

材料
- 赤ピーマン……1/2個
- ツナ缶……大さじ2
- 冷凍コーン……大さじ2
- A
  - 塩こしょう……少々
  - 米酢……小さじ1

作り方
1. 赤ピーマンは2センチ角に切る。深めの耐熱皿に赤ピーマンと冷凍コーンを入れふんわりとラップをかける。
2. 電子レンジで1分ほど加熱し、ラップを外してツナを入れてAで調味し、そのまま冷ます。

赤ピーマンとじゃこの炒め物

こんがり焦げ目をつけながら炒めたホクホクの長芋が、ご飯によく合います。

材料
- 赤ピーマン……1個
- 長芋……5センチ
- ちりめんじゃこ……大さじ1
- 白ごま……小さじ1
- サラダ油……少々
- A
  - 塩……ひとつまみ
  - しょうゆ……小さじ1

作り方
1. 赤ピーマンは太めの千切り、長芋はスティック状に切る。
2. フライパンにサラダ油をひいて中火にかけ、長芋をこんがりと焼き付ける。焦げ目が全体についたら赤ピーマンを入れてさっと炒め、Aで調味する。仕上げにちりめんじゃこと白ごまを振って全体を混ぜる。

トマトのベーコン巻き

子どもたちの大好物♪ トマトはおかずじゃない！と豪語するオットにも好評。

材料
- ミニトマト……2個
- ベーコン……2枚

作り方
1. ミニトマトにベーコンを巻きつけ、楊枝で留める。
2. フライパンでベーコンの部分を転がすようにして焼く。串は、焼き終わったら、食べやすいように刺し直す。

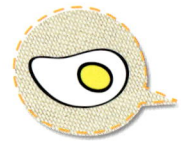

卵のおかず

どこのおうちでも、たいてい常備している卵は、お弁当おかずとしても大活躍してくれます。
でも、どんな卵のおかずでもジュクジュクの半熟卵はNG。お弁当は傷むことを考えて
しっかり火を通すこと。だし巻きは特におススメ。

ゆかりのだし巻き

ダシの代わりにかつおぶし。お水が入ることで
ふっくらジューシーな卵焼きに！

材料
卵……2個
ゆかり……小さじ1
かつおぶし(粉)
……小さじ1
しょうゆ……少々
水……大さじ2
大葉……2枚
サラダ油……少々

作り方
1. ボウルに大葉、サラダ油以外の材料を入れて箸でよく混ぜる。
2. 卵焼き器にサラダ油をひいて中火で熱し、1の卵液を数回に分けて入れながら巻き、最後のひと巻きのときに大葉を巻き込む。

青海苔とかつおぶし粉のだし巻き

かつおぶし粉は、かつおぶしを細かく砕いた粉。
なければかつおぶしでもOKです。

材料
卵……2個
青海苔……小さじ1
かつおぶし粉
……小さじ1
塩……少々
しょうゆ……少々
水……大さじ2
サラダ油……少々

作り方
1. ボウルにサラダ油以外の材料を入れて箸でよく混ぜる。
2. 卵焼き器にサラダ油をひいて中火で熱し、1の卵液を数回に分けて入れながら巻く。

梅干のだし巻き

梅干は家庭によって塩分が違うので、
お好みで量を加減して、自分の味に♪

材料
卵……2個
梅干……1個
かつおぶし……3g
しょうゆ……少々
水……大さじ2
サラダ油……少々

作り方
1. 梅干は種を取って手でちぎる。ボウルにサラダ油以外の材料を入れて箸でよく混ぜる。
2. 卵焼き器にサラダ油をひいて中火で熱し、1の卵液を数回に分けて入れながら巻く。

ひじき煮のだし巻き

具がない～～ってときのためのだし巻きです。
残り物はとことん利用だ！

材料
卵……2個
ひじきの煮物(市販またはP82
ひじきそぼろ)……大さじ2
かつおぶし……3g
水……大さじ2
サラダ油……少々

作り方
1. ボウルにサラダ油以外の材料を入れて箸でよく混ぜる。
2. 卵焼き器にサラダ油をひいて中火にかけ、1の卵液を数回に分けて入れながら巻く。

キャベツのお好み

実はこれ、とっても懐かしい……。共働きをしていたころに作ってた節約レシピ。

材料
キャベツ……2枚
塩……適量
サラダ油……少々
かつおぶし……大さじ1
お好みソース……適量
A ┌ 卵……1個
  │ 刻み紅しょうが……小さじ1
  │ 小麦粉……大さじ1
  │ 塩……ひとつまみ
  └ マヨネーズ……大さじ1

作り方
1. キャベツは千切りにし、塩を振って手でよくもみ、しんなりしたら水で流してぎゅっと絞る。
2. ボウルにキャベツとAを入れて箸で混ぜる。
3. フライパンにサラダ油をひいて中火で熱し、2を3等分してスプーンで落として焼く。裏返す前にかつおぶしをのせ、そのまま引っくり返して裏面も同じようにこんがりと焼く。お好みソースを塗る。

卵の袋煮

ちょっとずつの材料なのに、大きくて食べごたえのある一品になってくれマス。

材料
油揚げ（薄揚げ）……1枚
A ┌ ひじき（ドライパック）……大さじ4
  │ 合びき肉……40g
  │ 塩・こしょう……少々
  └ 卵……1個
B ┌ 水……100cc
  │ みりん……小さじ1
  └ しょうゆ……小さじ2

作り方
1. 油揚げは半分に切って中を広げて袋状にし、ざるに並べて熱湯を回しかけて油抜きする。
2. Aを箸で混ぜ、1の油揚げの中に入れて楊枝で留める。
3. 小鍋にBを煮立て、2の油揚げを入れて5分ほど煮含める。
4. そのまま煮汁の中で冷まし、汁気を切って弁当箱に詰める。

ニラ玉

卵とマヨネーズの組み合わせ、けっこういけるんデス。というか、大好きですw

材料
ニラ……5本
卵……1個
マヨネーズ……大さじ1
塩・こしょう……少々
しょうゆ……少々
サラダ油……少々

作り方
1. ニラは2センチくらいの長さに切る。ボウルにサラダ油以外の全ての材料を入れてよく混ぜる。
2. フライパンにサラダ油をひいて中火で熱し、1の卵液を流し入れて大きくかき混ぜて、空気を入れながら円形にまとめてよく焼く。

卵サラダ

セロリの風味と卵のまろやかさがさわやかで、クセになるサラダ。

材料
セロリ……1/2本
塩……適量
ゆで卵……1個
マヨネーズ……大さじ1
こしょう……少々

作り方
1. セロリは斜めに薄切りにし、塩を振って手でもみ、しばらく置く。水分が出てきたらしっかり絞る。
2. ボウルに刻んだゆで卵とセロリを入れて混ぜ、マヨネーズとこしょうを加えて混ぜる。

かげの主役をアレンジ！
ご飯バリエ

おかずも大事だけど、お弁当になくてはならないのがご飯！
真っ白なご飯もいいけど、おかずのひとつとして考えて、凝ってみるのもいいかもよ♪

鮭のまぜご飯
鮭はレンジ加熱。焼くよりふっくら

材料
- 塩鮭……1切れ
- 大葉……3枚
- 白ごま……大さじ1
- ご飯……1人分

作り方
1. 鮭はさっと水にくぐらせ、お皿にのせてふんわりとラップして電子レンジで1分半ほど加熱する。火が通ったら骨と皮を取り除いてほぐす。
2. 千切りした大葉、ほぐした鮭、白ごまをご飯に混ぜ込む。

梅おかかご飯
防腐効果もある梅干。お弁当に最適☆

材料
- 梅干……2個
- かつおぶし……3g
- 大葉……3枚
- ご飯……1人分

作り方
1. 大葉は千切りにする。炊きたてのご飯に梅干を混ぜ込み（混ぜている間に種が外れます）、かつおぶしも振りかけて混ぜ込む。ご飯の上に大葉を散らす。

シーフードピラフ風ご飯
シーフードはしっかり水気を切って！

材料
- シーフードミックス（冷凍）……80g
- 冷凍コーン……大さじ1
- ご飯……1人分
- サラダ油……少々
- A
  - 酒……小さじ2
  - 塩こしょう……少々
  - マーガリン……5g
  - しょうゆ……小さじ1

作り方
1. フライパンにサラダ油をひいて中火にかけ、解凍して水気を切ったシーフードミックスを入れて炒める。火が通ってきたら冷凍コーンも加えて炒め、Aで調味して、ご飯に混ぜ込む。

昆布まぜご飯
乾物の刻み昆布はウマみ、たっぷり！

材料
- 刻み昆布（乾燥）……5g
- 合びき肉……50g
- 塩・こしょう……少々
- ご飯……1人分
- A
  - 水……100cc
  - 酒……小さじ1
  - しょうゆ……小さじ1
  - しょうが（チューブ）……少々

作り方
1. 刻み昆布はたっぷりの水につけて戻し、水気を絞る。
2. 小鍋に合びき肉を入れて箸でほぐしながら火にかける。色が変わったら塩、こしょうを振り、刻み昆布を入れる。
3. Aを加えて水気がなくなるまで煮つめ、ご飯と混ぜ合わせる。

鶏ゴボご飯
紅しょうがが味のポイントです！

材料
- 鶏もも肉……60g
- ごぼう……40g
- 刻み紅しょうが……大さじ1
- ご飯……1人分
- A
  - 水……100cc
  - 酒……小さじ1
  - みりん……小さじ1
  - しょうゆ……小さじ1
  - 塩……少々

作り方
1. ごぼうは千切りに、鶏肉は小さく切る。
2. 小鍋にごぼうと鶏肉、Aを入れて煮立て、あくを取って汁気がなくなるまで煮つめる。ご飯に紅しょうがと一緒に混ぜ込む。

たけのこご飯
油揚げの味が大切……必ず入れてね。

材料
たけのこの水煮……50g
油揚げ
(薄揚げ)……1/2枚
ご飯……1人分
A ┌ 水……100cc
　├ めんつゆ……小さじ1
　├ しょうゆ……小さじ1
　└ みりん……小さじ1

作り方
1. たけのこはいちょう切りにする。油揚げは熱湯を回しかけて油抜きし、短冊に切る。
2. 小鍋にAとたけのこと油揚げを入れて中火にかけ、煮汁が少なくなるまで煮つめる。ご飯に混ぜる。

わかめとコーンの洋風ご飯
乾燥カットわかめの洋風まぜご飯！

材料
乾燥わかめ
(カット)……大さじ3
冷凍コーン……大さじ1
サラダ油……少々
ご飯……1人分
A ┌ 塩・こしょう……少々
　├ しょうゆ……小さじ1
　└ マーガリン……5g

作り方
1. 乾燥わかめはたっぷりの水で戻し、水気をしっかりと絞る。
2. フライパンにサラダ油をひいて中火にかけ、わかめを炒める。冷凍コーンを加えてさらに炒める。
3. Aで調味して火からおろし、ご飯に混ぜ込む。

ケチャップチキンライス
ピーマンと鶏肉だけなら刻むのも簡単。

材料
鶏もも肉……60g
ピーマン……1個
冷凍コーン……大さじ2
サラダ油……少々
塩・こしょう……少々
ご飯……1人分
A ┌ ケチャップ……大さじ2
　├ しょうゆ……小さじ1
　└ マーガリン……5g

作り方
1. ピーマンは細かく切り、鶏肉も小さめに切る。
2. フライパンにサラダ油をひいて中火にかけ、鶏肉を炒める。こんがりと焼けたらピーマンと冷凍コーンを加えてさらに炒め、軽く塩、こしょうを振り、Aを入れて炒める。
3. 炊きたてのご飯を入れてよく混ぜ、塩、こしょうで味をととのえる。

そばめし
味付けのポイントは実は塩、こしょう♪

材料
焼そば麺……1/2玉
合びき肉……50g
ご飯……1/2人分
ピーマン……1個
塩・こしょう……少々
サラダ油……少々
A ┌ 焼そばソース(なければウスターソース)……大さじ1〜2
　└ しょうゆ……小さじ1

作り方
1. ピーマンは細かく切り、焼そば麺も細かく刻む。
2. フライパンにサラダ油をひいて中火にかけ、合びき肉をポロポロになるまで炒め、油を拭いて塩、こしょうを振る。
3. ピーマンと焼そば麺も加えてよく炒める。ご飯も加えてさらに炒め、Aで調味する。※炒める際、好みでひじきを加えてもおいしいです。

干ししいたけご飯
前日に干ししいたけをお水へポンして！

材料
干ししいたけ……2枚
ご飯……1人分
白ごま……大さじ1
A ┌ 水……100cc(戻し汁と合わせて)
　├ 砂糖……小さじ1
　├ しょうゆ……小さじ1
　└ 塩……ひとつまみ
マーガリン……5g

作り方
1. 戻した干ししいたけを絞って(戻し汁は水と合わせる)千切りにする。
2. 小鍋にAと干ししいたけを入れて弱火にかけ、煮汁がなくなるまで煮含める。煮汁が少なくなったらマーガリンを加えて火を止め、ご飯を入れて混ぜる。仕上げに白ごまを振る。

🌼 共働きしていたころのお弁当 🌼

わたしが本格的に弁当作りの必要性に迫られたのは、結婚、そして出産後1年も経たずして共働きを始めることになったころ。
息子を保育所へ預けて働きに行くというのに、もらえるお給料なんてたかが知れている。やっと1時間働いて貰えるその時給分をまるまるお昼代として消してしまうなんて、もったいなくて出来なかった。

それは、全く豪華な弁当ではなかった。
実に質素だった。
ご飯を詰め、冷蔵庫の残り物で作ったおかずが2種類ほど。彩りのミニトマトもなければ、レタスもなかった。

そんな中で生まれたのが、関西人にとっては欠かせないご飯のおかず、お好み焼き(の、お弁当版)。
要はキャベツでかさ増しした卵焼きの豪華版ってとこだろう。
大体週に2回は、これにお好み焼きソースとマヨネーズを塗ってお弁当に詰めて持って行っていたが、夫婦2人ともよく飽きずに食べていたものだ(ってオットがたしか言ったのだった、「今日のお好み焼き美味しかった」と一度だけw)。
別の場所で家族のために働くオットや、保育所で過ごす息子を思いながら、自分が詰めた食べなれた味のいつものお弁当を食べるその時間は、朝から夕方まで様々なお客様相手に緊張して働くわたしにとって、ホッと一息つける、束の間のリラックスタイムだった。

きっとあの頃のオットも、保育所にいる息子のことや、今頃別の場所で同じ弁当を食べているであろう妻のことを思っていただろう。

作っているときには、食べる人のことやその人が食べる時間のことを思いながら。
食べる人は、作ってくれた人のことや家族との時間を思い出しながら。
顔を合わせながらは食べられないお弁当だからこそ、それだけ思いは詰まるもの。

「美味しい」と言って食べてくれる人、またお弁当を作ってあげられる人がいるというのは、とてもありがたいことなのかもしれない。

いつものレパートリーでパパッと作ろう！

ちょっとした工夫でらくらくお弁当作り

1品あると朝がぐーんと助かる我が家の定番作りおきおかずや、夕べのおかずのリフォームおかず。週末にどどーんと作り置いて冷凍すれば、自家製の冷凍食品として大活躍間違いなし！

夕飯で作ったらお弁当用に保存！

からあげを使って

からあげは、衣に味を染み込ませるだけで
味をガラリと変えられる変身の得意な優秀おかず。
デコボコした衣にソースや煮汁が絡んで……
えっ、コレ昨日のからあげなの!?

基本のからあげ

基本のからあげは、それぞれの家庭の味で。
お弁当用に小さめに作っておくと◎。

材料
鶏もも肉（むね肉でも可）
……2枚（700g）
塩・こしょう……少々
片栗粉……適量
サラダ油……適量

A
しょうゆ……大さじ2
しょうが（すりおろし）……1片
米酢……大さじ1
マヨネーズ……大さじ2

作り方
1. 鶏肉は一口大に削ぎ切りにし、塩、こしょうを振ってAをもみ込み、10分ほど置く。ビニール袋に片栗粉と鶏肉を入れて振り混ぜ、全体に粉をまぶしつける（2回に分けると粉が全体にまぶしつけやすい）。
2. サラダ油を中温に熱し、衣をつけた鶏肉を揚げる。最後は高温にしてからっと油を切る。
3. 冷めてから3〜4つずつラップに包み、さらに厚めの保存用ビニール袋（密閉できるもの）に入れて冷凍保存。使う前日に冷蔵庫に移し、自然解凍する。

じゃがカレー煮

じゃがいもがドッシリ…ボリューム満点！

材料
基本のからあげ……3個
じゃがいも（冷凍でも可）……小1個

A
和風だし……100cc
砂糖……小さじ1
しょうゆ……小さじ1
カレー粉……小さじ1/2

作り方
1. じゃがいもは皮つきのまま電子レンジで2分ほど加熱し、皮をむいて適当な大きさに切る。小鍋にAとじゃがいもを入れて弱火で煮込み、火が通ったら、からあげを入れて温める（冷凍じゃがいもの場合は、Aを煮立ててから、からあげと同じタイミングで入れる）。
2. 汁気がなくなるまでそのまま煮含める。

オイマヨ炒め

オイマヨとアボカドの相性がいーんデスッ。

材料
基本のからあげ……3個
アボカド……1/2個
マヨネーズ……大さじ1
オイスターソース……小さじ1

作り方
1. からあげはオーブントースターで2分温める。
2. フライパンにマヨネーズを入れて弱火にかけ、からあげと適当な大きさに切ったアボカドを入れてさっと炒める。
3. オイスターソースを入れて絡める。

小松菜の卵とじ
鶏がらスープがからあげに染みてウマいッ！

材料
- 基本のからあげ……3個
- 小松菜……1株
- 卵……1個
- A
  - 鶏がらスープ……50cc
  - 酒……小さじ1
  - 塩……ひとつまみ
  - しょうゆ……少々

作り方
1. 小松菜は3〜4センチくらいの長さに切る。
2. 小鍋にAと小松菜を入れて中火で煮る。小松菜に火が通ったら、からあげを入れて温め、煮立ったら溶き卵を流し入れ、卵に火を通す。

チリソース漬け
ピリカラのソースが食欲をそそります！

材料
- 基本のからあげ……4個
- かぼちゃ(薄く切ったもの)……4枚
- A
  - 豆板醤……少々
  - 砂糖……小さじ1
  - しょうゆ……小さじ1
  - 米酢……小さじ1

作り方
1. からあげはオーブントースターで2分温める。かぼちゃは耐熱皿にのせてふんわりとラップをかけて電子レンジで1分半加熱する。
2. Aの材料をボウルに入れておき、アツアツのからあげとかぼちゃを漬ける。

すっぱ梅煮
梅干のさっぱり風味のたれは大人向き！

材料
- 基本のからあげ……4個
- 万能ねぎ……1〜2本
- 水溶き片栗粉……片栗粉小さじ1＋水小さじ2
- A
  - 和風だし……50cc
  - 梅干(種を取る)……1個
  - 酒……小さじ1
  - 塩……ひとつまみ
  - しょうゆ……少々

作り方
1. 小鍋にAを入れて弱火にかけ、からあげを入れて温める。
2. 適当な長さに切った万能ねぎを入れて、水溶き片栗粉でとろみをつける。

酢鶏
酢豚じゃなくて酢鶏……豪華な味わいです。

材料
- 基本のからあげ……4個
- 玉ねぎ……1/4個
- パプリカ……1/2個
- 水溶き片栗粉……片栗粉小さじ1＋水小さじ2
- A
  - 鶏がらスープ……50cc
  - ケチャップ……小さじ2
  - 砂糖……小さじ1強
  - しょうゆ……少々

作り方
1. Aと適当に切った野菜を小鍋に入れて弱火で煮込み、野菜に火が通ったら、からあげも入れて温める。
2. 水溶き片栗粉を加えてとろみをつける。

和風ケチャップ煮
ソースと一緒にお鍋で温めるだけ！

材料
- 基本のからあげ……4個
- しめじ(石づきを取る)……1/2パック
- A
  - ケチャップ……大さじ1
  - 砂糖……小さじ1
  - 水……大さじ2
  - めんつゆ……小さじ1

作り方
1. 小鍋にAとからあげ、しめじを入れて弱火で温める。

親子丼風卵とじ
親子丼好きならぜったいハマる、和風味。

材料
- 基本のからあげ……3個
- 玉ねぎ……1/4個
- しめじ(石づきを取る)……1/2パック
- 卵……1個
- A
  - 和風だし……50cc
  - 塩……ひとつまみ
  - しょうゆ……少々
  - みりん……小さじ1

作り方
1. 小鍋にAと適当に切った玉ねぎ、しめじを入れて弱火で煮込み、野菜に火が通ったら、からあげを入れて温める。
2. 煮汁が減ってきたら溶き卵を流し入れて大きくかき混ぜる。

夕飯で作ったらお弁当用に保存！

ハンバーグを使って

大人も子どもも大好きなハンバーグは、
素材の味がしっかりしているから、
どんな味付けでも対応できちゃいます。
すでにボリューミーだから、
リメイクすればさらに豪華なおかずに！

基本のハンバーグ

ハンバーグのタネが残ったら、お弁当用に焼いて小分けして冷凍庫へ。小さめの小判形が便利です。

材料 ※小さめ16個分

合びき肉……600g
玉ねぎ……1個
サラダ油……適量

A
- 塩……小さじ1
- こしょう……少々
- 卵……2個
- パン粉……大さじ3強
- 牛乳……大さじ3

作り方

1. 玉ねぎはみじん切りにして耐熱皿に入れ、ふんわりとラップをかけて電子レンジで1分半ほど加熱する。玉ねぎが冷めたら合びき肉とAを合わせてよくこね、16等分にして小判形に成形する。
2. フライパンにサラダ油をひいて中火にかけ、1を並べる。片面がこんがりと焼けたら、裏返して焦げ目をつけ、水50ccを注いで蓋をして中まで火が通るように蒸し焼きにする。
3. 皿にとって冷まし、2つずつラップにきっちりと包んで厚めの保存用ビニール袋（密閉できるもの）に入れて冷凍する。使う日の前の晩に冷蔵庫に移して解凍しておく。

大人のケチャップソース

マスタードが効いて甘いソースも大人色♪

材料

基本のハンバーグ……2個
ピーマン……1個
しめじ（石づきを取る）……1/2パック
サラダ油……少々

A
- ケチャップ……小さじ2
- 水……大さじ1
- ウスターソース……小さじ1
- 粒マスタード……小さじ1

作り方

1. ピーマンは細切りに、しめじは小房に分ける。ハンバーグは電子レンジで30秒温める。
2. フライパンにサラダ油をひいて中火でピーマンとしめじを炒める。しんなりしてきたらハンバーグを入れて火を弱め、Aを入れて絡める。

味噌煮込み

味噌が絡むとハンバーグも和風おかずに。

材料

基本のハンバーグ……2個
なす……1/2本
ピーマン……1個
サラダ油……少々

A
- 味噌……小さじ1
- 砂糖……小さじ1
- 水……50cc

マーガリン……少々

作り方

1. なすは輪切りに、ピーマンも食べやすく切っておく。
2. フライパンにサラダ油をひいて中火で温め、なすとピーマンを炒め、ハンバーグを入れる。
3. 火を少し弱めてAを入れ、煮つめて絡める。汁気が少なくなったらマーガリンを落として絡める。

塩中華丼味
きくらげのコリコリ食感でお腹いっぱ〜い

材料
基本のハンバーグ……2個
にんじん……3cm
きくらげ……2〜3枚
水溶き片栗粉
　……片栗粉小さじ1+水小さじ2
A ┃ 水……50cc
　┃ 酒……小さじ1
　┃ 塩……ひとつまみ
　┃ 鶏がらスープの素……ひとつまみ
　┃ しょうゆ……小さじ1

作り方
1. 小鍋にAと適当な大きさに切った野菜を入れて弱火で煮る。野菜に火が通ったらハンバーグを入れて温める。
2. 水溶き片栗粉を加えてとろみをつける。

スパイシーカレー煮
カレー風味は子供たちもきっと大好き♪

材料
基本のハンバーグ……2個
にんじん……1/3本
いんげん……5本
水溶き片栗粉
　……片栗粉小さじ1+水小さじ2
A ┃ 水……50cc
　┃ みりん……小さじ1
　┃ しょうゆ……小さじ1
　┃ 顆粒和風だしの素……ひとつまみ
　┃ 塩……ひとつまみ
　┃ カレー粉……小さじ1/2

作り方
1. 小鍋にAと適当な大きさに切った野菜を入れて弱火で煮る。野菜に火が通ったらハンバーグを入れ、温める。
2. 水溶き片栗粉を加えてとろみをつける。

チンゲンサイのオイスター煮込み
中華風味＋ハンバーグで食べごたえあり！

材料
基本のハンバーグ……2個
チンゲンサイ……1株
水溶き片栗粉
　……片栗粉小さじ1+水小さじ2
A ┃ 水……50cc
　┃ 酒……小さじ1
　┃ オイスターソース……小さじ1
　┃ 塩……ひとつまみ
　┃ 砂糖……ひとつまみ
　┃ 鶏がらスープの素……ひとつまみ

作り方
1. 小鍋にAと適当な大きさに切ったチンゲンサイを入れて弱火で煮る。野菜に火が通ったらハンバーグも入れて温める。
2. 水溶き片栗粉を加えてとろみをつける。

テリ焼き
王道の味付けがやっぱり美味しいんです。

材料
基本のハンバーグ……2個
いんげん……5本
小麦粉……大さじ1
サラダ油……少々
A ┃ みりん……大さじ1
　┃ しょうゆ……大さじ1

作り方
1. 解凍したハンバーグに小麦粉をまぶす。いんげんは食べやすい長さに切る。
2. フライパンにサラダ油をひいて中火にかけ、いんげんを炒める。1のハンバーグを軽く両面焼き、火を弱めてAを加え、照りがでるまで焼いて絡める。

きのこの和風あん
シンプルな調味でお肉の味が引き立つ！

材料
基本のハンバーグ……2個
しめじ（石づきを取る）……1/2パック
水溶き片栗粉
　……片栗粉小さじ1+水小さじ2
A ┃ めんつゆ……大さじ1
　┃ 水……50cc

作り方
1. 小鍋にAとしめじを入れて弱火にかけ、ハンバーグを入れて温める。
2. 水溶き片栗粉を加えてとろみをつける。

中華甘酢あん
トマトとあんの甘酸っぱさがなんとも◎

材料
基本のハンバーグ……2個
しめじ（石づきを取る）……1/2パック
プチトマト……3個（半分に切る）
サラダ油……少々
A ┃ ケチャップ……小さじ1
　┃ めんつゆ……大さじ1
　┃ 水……大さじ2
　┃ 米酢……小さじ1
　┃ 砂糖……小さじ1
水溶き片栗粉
　……片栗粉小さじ1+水小さじ2

作り方
1. フライパンにサラダ油をひいて中火にかけ、しめじを炒める。ハンバーグは電子レンジで30秒温めておく。
2. 野菜に火が通ったら火を弱め、ハンバーグとプチトマトとAを入れて全体に絡め水溶き片栗粉を加えてとろみをつける。

> コレがあるとすっごく便利！

常備菜と
バリエーションおかず

お弁当のなかに似たような味のものばかり入ってしまうときってありますよね？
そんなときは、常備菜を使って深くてコクのあるおかずを短時間で作りましょ。
まとめて作れば保存もきくし、あと一品！ なんてときに大助かり。
バリエーションおかずのレシピも、参考にしてみてください。

牛肉ときのこの佃煮

冷蔵庫にあると忙しいときに何かと便利。
なくなったらすぐに作るようにしてマス。

材料
- 牛こま肉……160g
- きのこ(しめじ、えのき、まいたけなど3種類を合わせたもの)……400g
- A
  - 砂糖……大さじ1
  - みりん……大さじ2
  - しょうゆ……大さじ3
  - 米酢……大さじ1/2

作り方
1. きのこは石づきを取って小房に分け、食べやすい大きさに切る。
2. 小鍋にきのことAを入れて中火にかける。Aが沸騰して、きのこがくったりとしてきたら牛肉を広げて入れて全体を混ぜる。時々かき混ぜながら煮汁がほぼなくなるまで煮つめる。

きんぴらごぼう

作り置きおかずの定番ですね。
お肉が入っているのでしっかりおかずになります。

材料
- ごぼう……1/2本
- にんじん……1本
- 牛こま肉……140g
- ごま油……少々
- 砂糖……大さじ1
- しょうゆ……大さじ1½
- 塩……ひとつまみ
- すりごま……大さじ1

作り方
1. ごぼうとにんじんは太めの千切りにする。牛肉は細かく切る。
2. フライパンにごま油を入れて中火にかけ、ごぼうをしっかり炒める。続いてにんじんと牛肉も入れてしっかり炒め、砂糖を加えて弱火にし、さらに炒める。
3. 野菜に火が通ったら、しょうゆと塩を入れて汁気がなくなるまで炒め、仕上げにすりごまを加える。

五目豆

なんか野菜不足気味だなーと思ったら、これをプラス。
一気に栄養バランス満点に☆

材料
- 大豆の水煮……140g
- こんにゃく……150g
- 干ししいたけ……3枚
- にんじん……1/2本
- ごぼう……1/2本
- 昆布(10×15cm)……1枚
- 水(しいたけの戻し汁と合わせて)……1カップ
- 砂糖……大さじ1
- みりん……大さじ1
- しょうゆ……大さじ2

作り方
1. 野菜はすべて大豆より少しだけ大きめくらいの大きさに切る。こんにゃくは下ゆでし、同じくらいの大きさに切る。昆布は1センチ角にキッチンバサミで切る。
2. 具材を鍋に入れ、水と砂糖を入れて中火にかける。煮立ったらあくを取り、野菜が柔らかくなるまで煮る。野菜が柔らかくなったらみりんとしょうゆを加え、時々かき混ぜながら汁が半分くらいになるまで煮つめる。

牡蠣の佃煮

牡蠣のお安い季節にはぜひとも作り置きをオススメします。アサリのむき身でもOK！

材料
- 牡蠣のむき身……300g
- しょうが……1片
- A [酒……大さじ2
       砂糖……大さじ1
       しょうゆ……大さじ1と1/2]

作り方
1. 牡蠣は塩水で洗って汚れを落とし、さらに水で洗ってざるにあけて水気を切る。しょうがは千切りにする。
2. 小鍋に牡蠣としょうがを入れ、酒を入れて中火にかける。時々かき混ぜながらしっかり火を加え、あくを取る。砂糖としょうゆを加えて汁気が少なくなるまで煮つめる。

ひじきのしっとり梅ふりかけ

梅でお口さっぱり、後を引くおいしさデス。卵焼きやつくねに混ぜ込んでも…イイッ！

材料
- 芽ひじき(乾燥)……40g
- 酒……大さじ2
- 塩……小さじ1/2〜1
(梅干しの塩分によって加減)
- しょうゆ……大さじ1と1/2
- 梅干……3〜4個
- 大葉……5枚
- 白ごま……大さじ1
- ごま油……大さじ1

作り方
1. ひじきはたっぷりの水で戻し、ざるにあけて水気を切る。梅干は種を取って叩き、大葉は千切りにする。
2. フライパンにごま油を入れて中火にかけ、ひじきを炒める。全体に油がまわったら酒を加えてさらに炒める。塩、しょうゆを加えてさらに炒め煮にし、最後に梅干しと大葉も加えて全体を混ぜ、白ごまを加える。

金時豆の甘煮

栄養価が高くて、少し入れるだけでもバランス抜群の常備菜。ワンスプーンだけでもOK。

材料
- 金時豆……250g
- 水……1ℓ×2
- メープルシロップ……大さじ3
- A [黒砂糖
       (またはキビ砂糖)……50g
       塩……小さじ1弱
       しょうゆ……大さじ1]

作り方
1. 金時豆は優しく洗い、鍋に入れて1ℓのお水に浸し、一晩置く(豆がふっくら戻るまで)。
2. 鍋を火にかけ、沸騰したら煮汁を捨てる。再び水1ℓを入れて火にかけ、今度は豆がしっかりと柔らかくなるまで1時間〜1時間半ほどコトコトと煮る。
3. 豆が柔らかくなったかどうか確認し、煮汁を捨てて鍋に戻す。Aを加えて中火で煮汁がなくなるまで煮絡め、仕上げにメープルシロップを加えて全体を混ぜる。

セロリの常備菜

どことなく高菜っぽい(?)存在の常備菜。保存容器に入れて冷蔵庫で10日ほど保存可。

材料
- セロリ……3本
- 塩……小さじ1
- ごま油……大さじ1
- A
  - しょうゆ……小さじ2
  - かつおぶし……3g
  - ラー油……大さじ1
  - 鷹の爪……少々

作り方
1. セロリは斜めに薄切りし、葉っぱは細かく刻んでボウルに入れる。塩を振って手でよくもみ、重石をして30分ほど置く。
2. 1のセロリをギュッと搾る。フライパンにごま油を入れて中火にかけ、セロリを炒める。Aで調味する。

ぴりぴり焼そば
セロリの常備菜を使って

焼そば麺の代わりにパスタと和えて、ツルツル&ピリピリが美味しい洋風焼そばの完成。

材料
- スパゲッティ……60g
- セロリの常備菜……30g
- ちくわ……1本
- サラダ油……少々
- A
  - 塩・こしょう……少々
  - 焼そばソース(またはウスターソース)……大さじ1

作り方
1. スパゲッティは半分に折り、袋の表示時間どおりにゆでる。ちくわは斜めに薄切りにする。
2. フライパンにサラダ油をひいて中火にかけ、ちくわを炒める。ゆであがってしっかり水気を切ったスパゲッティとセロリの常備菜も入れ、Aで調味する。

豚肉巻き
セロリの常備菜を使って

セロリにしっかり味が付いているので、お弁当にぴったりのおかずになりますヨ!

材料
- セロリの常備菜(薄切り)……16枚
- 豚ロース薄切り肉……4枚
- 塩・こしょう……少々
- サラダ油……少々

作り方
1. 豚肉を広げて軽く塩、こしょうを振り、セロリの常備菜を4枚ずつのせて芯にして巻く。
2. フライパンにサラダ油をひいて中火にかけ、1の豚肉の巻き終わりを下にして並べ、こんがりきつね色になるよう転がしながら焼く(途中で蓋をすると早く火が通ります)。

ぺたぺたやき
セロリの常備菜を使って

こういう見た目のおかずのことを末娘がこう呼びます。手を汚さないので作るのがラク。

材料
- 豚ひき肉……80g
- セロリの常備菜……30g
- 塩・こしょう……少々
- 卵……1個
- 片栗粉……大さじ1
- サラダ油……少々

作り方
1. ボウルに豚ひき肉、セロリの常備菜、塩、こしょう、卵、片栗粉を入れてスプーンで混ぜる(ゆるい生地になります)。
2. フライパンにサラダ油をひいて中火にかけ、1の生地をスプーンですくって落として焼く。片面が焼けたら裏返し、中まで火が通るようにしっかり焼く。

のっけご飯

（セロリの常備菜を使って）

そのまんまですが…
名前通りのっけるだけなので、寝坊した朝には嬉しい一品です。

材料
ご飯……1人前
セロリの常備菜……30g

作り方
1. セロリの常備菜をご飯の上にのせる。

チャーハン

（セロリの常備菜を使って）

調味料はこれだけでいいの？
いーのいーの。セロリとベーコンが味のポイントになります。

材料
セロリの常備菜……30g
ベーコン……1枚
卵……1個
ご飯……1人前
サラダ油……少々
A ┌ 塩・こしょう……少々
　└ しょうゆ……少々

作り方
1. ベーコンは1センチ幅に切る。フライパンにサラダ油をひいて中火にかけ、ベーコンを炒める。
2. 続いて卵を割り入れ、すぐにご飯を入れて卵になじませながら炒め、セロリの常備菜も加えてさらに炒める。
3. パラパラになってきたら味見をして、足りなければAで調味する。

だし巻き卵

（セロリの常備菜を使って）

細かくバラバラとした常備菜だから、
だし巻きに入れても味が変わっていいですよ♪

材料
卵……2個
かつおぶし……3g
セロリの常備菜……20g
水……大さじ2
しょうゆ……少々
サラダ油……少々

作り方
1. ボウルにサラダ油以外の材料を入れて混ぜる。
2. 卵焼き器にサラダ油をひいて中火にかけ、1の卵液を数回に分けて流し入れながら巻く。

さばのネギ味噌そぼろ

ねぎ味噌って嫌いな人っているかしら？　ザ・和の味はどんなおかずにも大活躍！

材料
塩さば……3切れ
長ねぎ……1本
しょうが（すりおろし）……1片
A ┌ 酒……大さじ3
　│ みりん……大さじ3
　│ 水……大さじ3
　│ 砂糖……大さじ1
　│ しょうゆ……大さじ1
　└ 梅干……1個
B ┌ 味噌……小さじ1
　│ すりごま
　└ ……大さじ2

作り方
1. 塩さばはスプーンで身をこそげ取り、骨は取り除く。長ねぎは斜めに薄切りにする。
2. 小鍋にさばと長ねぎ、しょうが、Aを入れて煮立て、箸を束にして持ってかき混ぜながら、さばと梅干をほぐすように煮る。途中、梅干の種を取る。
3. 汁気が少なくなるまで煮つめ、最後にBを加えてよく混ぜる。

さば味噌そぼろ風味のふわふわ焼き

（さばのネギ味噌そぼろを使って）

山芋のおかげでふわふわとしたお焼きに。
ちょっとした豪華なお好み焼きみたい!?

材料
さばのネギ味噌そぼろ……50g
山芋……100g
サラダ油……少々
A ┌ 塩……少々
　│ 刻み紅しょうが……小さじ1弱
　│ 青海苔……少々
　└ 小麦粉……小さじ1

作り方
1. ボウルにさばのネギ味噌そぼろとAを入れ、山芋をすりおろし、スプーンでよく混ぜる。
2. フライパンにサラダ油をひいて弱火にかけ、1をスプーンですくって落とす。両面焦げつかないようにじっくりと焼く。

ひじきそぼろ

味がしっかりした常備菜なので、シンプルな定番おかずのバリエーションに役立ちます。

材料
- ひじき(乾燥)……20g
- 豚ひき肉……100g
- 塩・こしょう……少々
- セロリ……1本
- しょうが(チューブ)……少々
- サラダ油……少々
- A
  - 塩……小さじ1/2
  - みりん……大さじ1
  - 酒……大さじ1
  - しょうゆ……大さじ1½

作り方
1. ひじきはたっぷりの水で戻す。セロリはみじん切りにする。
2. フライパンにサラダ油をひいて中火にかけ、豚ひき肉を炒める。色が変わって油が出てきたら余分な油は拭き取り、ここで一度下味の塩、こしょうを振り、さらにセロリとひじきを加えて炒める。
3. しょうがとAで調味して汁気がなくなるまで炒め煮にする。

混ぜご飯
ひじきそぼろを使って

お肉も海のミネラルもご飯だけで摂れちゃう。
マーガリンでまろやかに仕上がってます。

材料
- ひじきそぼろ……50g
- 炊きたてのご飯……1人分
- マーガリン……10g
- 塩……少々

作り方
1. 炊きたてのご飯にひじきそぼろとマーガリンを入れて混ぜ、味を見て塩を混ぜ込む。

オムレツ
ひじきそぼろを使って

内側にぎっしりひじきそぼろ。
シンプルなオムレツもこれで立派なボリュームおかずに！

材料
- ひじきそぼろ……30g
- 卵……2個
- サラダ油……少々
- A
  - 塩・こしょう……少々
  - コーヒーフレッシュ……2個

作り方
1. ボウルにひじきそぼろと卵、Aを入れてよく溶き混ぜる。
2. フライパンにサラダ油をひいて中火にかけ、1の卵液を一気に流し入れ、大きくかき混ぜて片側に寄せ、細長く形をまとめる。

春巻き
ひじきそぼろを使って

お昼になるころには、パリッとした皮の内側で
春雨にひじきの味が染みて…美味しいの！

材料
- ひじきそぼろ……50g
- 春雨(乾燥)……10g
- 春巻きの皮……3枚
- サラダ油……少々
- A
  - 塩……少々
  - しょうゆ……小さじ1

作り方
1. 春雨をバットなどに並べて熱湯を注いで戻し、短く切る。春雨の水気を切ってひじきそぼろと合わせて、Aで味をととのえる。
2. 春巻きの皮に1を3等分にしてのせ、春巻きの要領で巻く。
3. フライパンにサラダ油をひいて中火にかけ、2の巻き終わりを下にして並べ、全体をこんがりときつね色になるように焼く。

チャーハン

（そぼろひじきを使って）

卵とご飯だけあれば、いつものお弁当がチャーハン弁当に。栄養バランスもバッチリ。

材料
- ひじきそぼろ……50g
- 卵……1個
- ご飯……1人分
- サラダ油……少々
- A ┌ 塩……少々
　　└ しょうゆ……適量

作り方
1. フライパンにサラダ油をひいて中火にかけ、ひじきそぼろを入れて温める。卵を一気に流し入れ、すぐにご飯を入れて卵に馴染ませるようにしながら全体を炒める。
2. 味を見ながらAで調味する。

鮭そぼろ

そぼろといってもお肉だけじゃなくってよ。塩のきいた鮭をパンチのきいた常備菜に。

材料
- 塩鮭……3切れ
- わかめ（乾燥）……5g
- 白ごま……大さじ1
- A ┌ 酒……大さじ2
　　└ しょうゆ……大さじ1/2

作り方
1. 塩鮭はスプーンで身をこそげ取り、骨を取り除く。わかめは水につけて戻し、しっかり水気を絞る。
2. 小鍋に鮭とAを入れて中火で煮立て、箸でばらばらとほぐしながら煮る。鮭の色が変わってきたらわかめを入れて混ぜ、汁気がなくなるまで煮詰める。仕上げに白ごまを振る。

おにぎり

（鮭そぼろを使って）

んもう、シンプルなこれがいちばん！
わかめも鮭もおにぎりに合わないわけないでしょ。

材料
- 鮭そぼろ……30g
- 炊きたてご飯……茶碗に軽く2杯分

作り方
1. 炊きたてのご飯に鮭そぼろを混ぜ込み、ラップでおにぎりにする。

鮭のクルクル巻き巻き

（鮭そぼろを使って）

香ばしい油揚げの香りで食べる瞬間はシアワセな気分。
鮭とマヨの組み合わせも抜群です。

材料
- 鮭そぼろ……30g
- 鶏ひき肉……100g
- 油揚げ（薄揚げ）……1枚
- A ┌ マヨネーズ……大さじ1
　　├ 塩・こしょう……少々
　　├ しょうゆ……小さじ1
　　└ 片栗粉……小さじ1

作り方
1. ボウルに鮭そぼろ、鶏ひき肉とAを入れてスプーンでよくかき混ぜる。
2. 油揚げの3辺を切り取って中を開き、1を平らに塗りつけ、くるくると巻く。ラップに包んで耐熱皿にのせ、電子レンジで2分加熱する。
3. フライパンを温め、2の巻き終わりを下にして置いて全体に焦げ目をつける。

🌼 子どもたちに作るお弁当 🌼

子どもたちが幼稚園や学校へ通い始めると、年に数回だけだが特別な日のお弁当（例えば遠足だったり運動会だったり）を、普段よりちょっとだけ気合を入れて、作らねばならない日がやってくる。

弁当が必要な子どもには前もって必ずリクエストを聞いてやるのだが、わたしがそれを聞いてまず最初にするのがスケッチだ！

空っぽのお弁当箱を描き、そこへおにぎりを加えて、矢印を引っ張って"おにぎり（鮭とわかめのふりかけ）"などと書き入れる。字だけで書くよりうんと想像しやすく、どのくらいの量を作ればいいか、すき間なく埋められそうかなどイメージしやすいからだ。実際、働いていた頃のわたしの手帳の後ろの方の余白ページは、幼かった息子のためのお弁当スケッチでいっぱい。

わたしが小さな子ども用の弁当で気をつけること（オッサン弁当や、男子ガッツリ部活弁当を作るときとはここが違うっていうところ）は……。

ひとつは「入れすぎないこと」。
お腹が空くだろうからとあれもこれもと入れたいところだけど、
・みんなに遅れをとらなかった！
・全部食べられた！
という、二つの達成感を味わわせてやるためには、これは結構大事なことなのだ。

ふたつ目に「食べ慣れたものを入れること」。
これは毎日お弁当を持っていくような幼稚園に通う子には当てはまらないかもしれないが、1学期に一度か二度しかない、たまに訪れるお弁当の日だとしたら……毎回同じようなものが入っていても全然OK、それでいいと思う。
毎回から揚げとだし巻き卵だっていいと思う。毎回ぺたぺた焼きと鮭のおにぎりだっていい（だって子どもは、それを食べたいと毎回リクエストするんだもの）。

子どもたちが、母さんの作るお弁当が大好きになってくれるように。
そして大きくなって思い出す母さんの作ってくれた遠足の弁当が、懐かしくって美味しい記憶であるように。
今頃お弁当広げているころかな、お弁当箱がリュックの中でひっくり返ってないかしら、な〜んて、母さんは子どもたちの食べている顔まで想像しているのです。

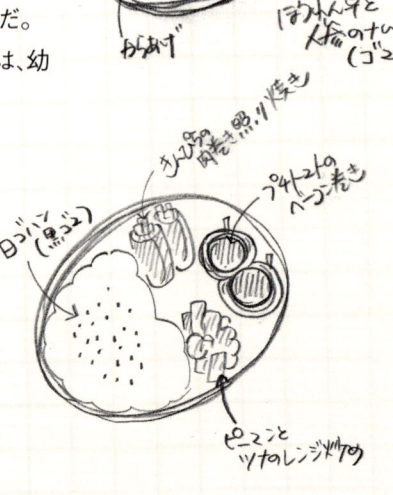

とっておきの日に気負わない！

特別な日に食べる、普段着弁当

行楽弁当だからって、何もお母さんが1人、激早起きしてせっせとお弁当を作ることはありません。
お弁当作りも行楽のうち☆
みんなで楽しく作れば、それだけでテンションは上がります。

子どもと一緒に作れば
おいしさ倍増!?

心が躍る♪ 特別な日のお弁当
手巻き寿司弁当

お重を広げて、ワイワイ楽しみたい行楽のとっておきは、手巻き寿司！具材は大満足の5種で、1種類ずつ楽しんでるあいだにお腹もいっぱい。酢飯は傷みにくくて、実はお弁当に最適なんデス。

寿司飯
材料（4人分）
ご飯（水をやや少なめで炊いたもの）……4合分
手巻き用の海苔……適量
A ┌ 昆布酢（米酢でも可）
　│　……100cc
　│ 砂糖……大さじ5
　└ 塩……小さじ1
絹さや（ゆでる）……適宜

作り方
1. 炊飯器に入った炊きたてのご飯に、Aを混ぜ合わせたものを一気に入れ、一度炊飯器の蓋を閉めてそのまま蒸らす（5分）。その後、寿司桶に移してごはんを切るように混ぜる。好みで絹さやを飾る。

※昆布酢とは……空き瓶に昆布1～2枚を入れてお酢を注ぎ、20分おいたもの（冷蔵庫で2週間保存可能。マイルドで使いやすいお酢です）。

ツナと玉ねぎ
材料（4人分）
ツナ缶……1缶
玉ねぎ……1/4個
マヨネーズ……大さじ2～3

作り方
1. 玉ねぎはみじん切りにし、ふきんに包んで流水にさらし、よくもみ洗いして辛味を抜く。ぎゅっと絞って水気を切る。
2. ツナ缶は油を切り、1の玉ねぎとあわせてマヨネーズで和える。

えびとアボカドのわさびマヨ
材料（4人分）
むきえび……140g
アボカド……1/2個
酒……大さじ1
塩……少々
A ┌ 塩・こしょう……少々
　│ レモン汁……小さじ1
　│ マヨネーズ……大さじ2
　└ わさび……少々

作り方
1. えびは小鍋に入れて酒、塩を振って弱火にかけ、炒める。火が通ったらそのまま冷ましておく。
2. アボカドとえびを適当な大きさに切り、Aで和える。

コチュジャン焼肉
材料（4人分）
牛薄切り肉……200g
玉ねぎ……1/2個
塩・こしょう……少々
片栗粉……大さじ2
サラダ油……少々
A ┌ 砂糖……大さじ1
　│ 酒……大さじ1
　│ しょうゆ……大さじ1と1/2
　│ コチュジャン……小さじ1
　└ すりごま……大さじ2

作り方
1. 玉ねぎは薄切りにする。牛肉は食べやすい長さに切り、塩、こしょうを振って片栗粉をもみ込んでおく。
2. フライパンにサラダ油をひいて中火にかけ、玉ねぎを炒める。続いて牛肉を広げて入れて色が変わるまで炒め、Aを入れて絡める。

もやしとにんじんのナムル
材料（4人分）
もやし……1/2袋
にんじん……1/2本
A ┌ 塩……ひとつまみ
　│ しょうゆ……小さじ1
　│ ごま油……小さじ2
　│ にんにく(すりおろし)……少々
　└ すりごま……大さじ1

作り方
1. にんじんは千切りにする。熱湯に塩少々（分量外）を入れてにんじん、もやしの順にゆでてざるにあげる。
2. 粗熱が取れたらぎゅっと絞って水気を切り、Aで和える。

キムチーズ切り干し和え
材料（4人分）
切り干し大根……大さじ2
キムチ……1/2カップ
固形チーズ……1個
めんつゆ……小さじ2

作り方
1. 切り干し大根は洗って水で戻し、ぎゅっと絞り、食べやすい長さに切る。キムチも刻む。
2. 固形チーズは小さくちぎり、キムチ、切り干し大根、めんつゆをあわせてよく混ぜる。

金時豆のチーズ巻き巻き
材料（5人分）
金時豆(作り方はP79ページ)……1/2カップ
クリームチーズ(小分け包装されたもの)……5個
春巻きの皮……5枚
サラダ油……適量

作り方
1. 春巻きの皮を広げ、金時豆と細長くちぎったクリームチーズを横一列にそれぞれ並べる。
2. 春巻きの要領で巻き、巻き終わりを下にする。
3. フライパンにサラダ油をひいて中火にかけ、2の巻き終わりを下にしたまま並べ、揚げ焼きにする。

特別な日に食べる、普段着弁当

> 一緒に作って
> お出かけしよう！

心が躍る♪ 特別な日のお弁当
お花見弁当

春の訪れを感じると、心もそわそわ！
さっそく家族みんなでお花見に……もちろん、お弁当を持ってね。
もう春だから、生モノを使わず、傷み対策も万全に。
子どもたちも食べやすいおにぎり弁当です。

肉巻き焼きおにぎり(俵形8個分)

材料
- 豚ロース薄切り肉……8枚
- 大葉……8枚
- 梅干(種を取って刻む)……2個
- ご飯……お茶碗に3杯分
- しょうゆ……大さじ1

作り方
1. ご飯に梅干を混ぜ込み、俵形のおにぎりを8つ作り、大葉と豚肉を巻きつける。
2. フライパンでこんがりと焼き、しょうゆを絡める。

照り焼きチキンおにぎり(小4個分)

材料
- 鶏もも肉……150g
- サラダ油……少々
- ご飯……お茶碗に2杯分
- 塩……少々
- 海苔……適量
- 水……大さじ3
- A
  - 米酢……大さじ1/2
  - しょうゆ……大さじ1
  - 砂糖……大さじ1/2
  - みりん……大さじ1/2
  - 粒マスタード……大さじ1/2

作り方
1. 鶏肉は筋を切って余分な脂肪を切り取り、Aをもみ込んで10分ほど置く。ご飯に塩を振って混ぜる。
2. フライパンにサラダ油をひいて中火にかけ、1の汁気を切って皮から焼き始める(汁は捨てない)。両面焼き色がついたら水と、1の漬け汁を注いで蓋をし、蒸し焼きにする。中まで火が通ったら汁気がなくなるまで煮て、照りをつける。冷めたら切り分ける。
3. ラップにご飯を広げ、鶏肉を芯にしておにぎりにし、海苔を巻く。

鮭おにぎり(小4個分)

材料
- 塩鮭……1切れ
- 酒……大さじ1
- ご飯……お茶碗に2杯分
- 塩……少々
- 海苔……適量

作り方
1. 鮭はクッキングシートに並べて酒をふり、キャンディー包みにする。ご飯に塩を振って混ぜる。
2. 鮭を電子レンジで2分ほど加熱し、冷めたら骨や皮を取る。
3. ラップにご飯を広げ、2の鮭を芯にしておにぎりにし、海苔を巻く。

おかかチーズおにぎり(小3個分)

材料
- 固形チーズ……1個
- かつおぶし……3g
- しょうゆ……小さじ1
- ご飯……お茶碗に2杯分
- 塩……少々
- 海苔……適量

作り方
1. 固形チーズはちぎってかつおぶしとしょうゆをまぶしつける。ご飯に塩を振って混ぜる。
2. ラップにご飯を広げ、1のチーズを芯にしておにぎりにし、海苔を巻く。

根菜入りの肉団子の甘酢あん

材料(4人分)
豚ひき肉……300g
蓮根……150g
いんげん……10本
にんじん……10cm
うずらの卵……5個
サラダ油……適量
水溶き片栗粉……片栗粉小さじ2+水小さじ4
白ごま・糸唐辛子……適量

A ┌ 卵……1個
　│ 長ねぎ……1本
　│ しょうが……1片
　│ 塩・こしょう……少々
　│ 酒……大さじ1
　└ 片栗粉……大さじ3

B ┌ 水……1カップ
　│ 鶏がらスープの素……小さじ1
　│ オイスターソース……大さじ2
　│ 砂糖……大さじ2
　│ 米酢……大さじ2
　└ しょうゆ……大さじ1

作り方
1. 長ねぎはみじん切り、しょうがはすりおろしておく。豚ひき肉とAをボウルに入れて手でよく混ぜ、ピンポン玉くらいの大きさに丸め、フライパンで揚げ焼きにする。
2. 蓮根は7ミリくらいの厚さの半月切り、にんじんは5ミリくらいの厚さのいちょう切りにする。いんげんは3等分の長さに切り、うずらの卵はゆでて殻をむいて半分に切る。
3. フライパンにサラダ油をひいて中火にかけ、蓮根とにんじん、いんげんをよく炒める。Bを注いで煮立て、野菜に火が通ったら1の肉団子を入れ、水溶き片栗粉でとろみをつける。
4. 完全に冷めたら容器に入れ、うずらの卵を散らす。白ごまと糸唐辛子をお好みでのせる。

桜餅(10個分)

材料
道明寺粉……150g
水……220cc
砂糖……30g
市販のこしあん……300g
桜の葉の塩漬け……10枚
食紅……極少量

作り方
1. 道明寺粉と水、砂糖を合わせて耐熱容器に入れ、20分ほど置いておく。桜の葉は水に漬けて塩抜きする(約10分間)。
2. 食紅を水少々(分量外)に溶き、1の耐熱容器へ入れてほんのりピンク色に染める。
3. 2にラップをかけて電子レンジで7分ほど加熱する。一度かき混ぜて様子を見ながらさらに1分ほど加熱し、ラップをかけたまま10分蒸らす。
4. その間にこしあんを10個に分けて(ひとつ30g)ピンポン玉のように丸めておく(ラップを使うとよい)。
5. ラップを広げ、3の道明寺の1/10量をのせて上からラップをかぶせて、手で広げる。上のラップを外してあんこをのせ、キレイに包み込む(ラップを使う)。
6. 塩抜きした桜の葉で包む。残りも同様にして作る。

子どもと一緒にお弁当を作ろう！

幼い頃、よく家族一緒に自然の中へ出かけた。お昼になり、風呂敷に包んだ大きなお弁当箱を母が広げてくれるのを待つ、あの瞬間を覚えている。

5人分のお弁当は何段にも重ねられ、ビシッと綺麗に並んだおにぎりは次々と伸びてくる手によってあっという間に空っぽになったが、兄妹で仲良く、たまに喧嘩しながら、競争しながら食べたのは、今でも鮮明に覚えている懐かしい記憶だ。

昔は運動会も家族一緒に運動場でお弁当を広げたし、大きな池のある公園へ出かけたり、少し足を伸ばして川原へつくしを探しに行ったり、お花見へも、紅葉狩りへも海水浴へも、どこへ出かけるときもいつも母の弁当の思い出が共にある。

どこへ出かけたというよりも、家族で出かけて母が広げたお弁当の記憶のほうが鮮明なのは、わたしが競争の激しい3人兄妹の真ん中っ子だったからだろうか。

時は経ち、あの頃子どもだったわたしはお母さんになった。

残念なことにあの頃の母のようにはマメでない母さんと、仕事が忙しくなかなか子ども達を連れてどこかへ出かける機会のないオット。

そんな両親を持つ子どもたちは、忙しい母さんがお弁当を作ってくれる！というだけで、ただそれだけでテンションは上がる。どこかいいところへ出かけるでもなし、いつものダイニングテーブルから3歩ほど歩いたところにある、隣の和室で遠足のシートを広げて食べたって、そりゃあそりゃあ喜ぶ。

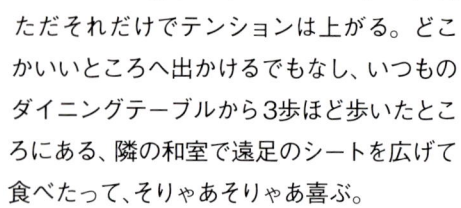

てんきちが幼い頃、よくこうして2人っきりの休日、おうちの中の遠足を楽しんだものだ。それでいいのだ。

ただお弁当箱に詰めて食べるだけでもよし。今日はそれを隣の部屋へ持っていって、みんなで並んで座って食べるもよし。メイさんを連れてお散歩のついでに、近所の公園で広げたっていい。

なんの予定もないある日曜日の朝。

その日を、子どもたちにとって特別な1日にしてやるために、マメじゃないし器用でもない、どちらかといえば面倒臭がりの母さんは、こうする。

それは、お弁当作りに子どもたちも参加してもらうこと。

包丁でお野菜を切ってくれる子————

材料を丁寧に混ぜ合わせてくれる子————

簡単なおかずでいい。ただ切るだけ混ぜるだけでもいい。小さな指についてしまったご飯粒はお口にこっそりパクッと入れちゃってもいい。

みんなで一緒に作れば楽しい。みんなで一緒に作れば、それが子どもにとっては何よりのイベント。そしてお弁当箱に詰めれば、どんなおかずだって輝いて見える。それが自分も参加して作ったお弁当なら、なおさらなのだ。

みんなで一緒に作ればきっと楽しい！美味しい！

母さんと同じことをやりたい子どもたち。だから混ぜたりちぎったりのような簡単な作業は子どもたちも一緒に。こうして作ったご飯は、いつもよりきっと美味しく感じるはずです。

混ぜる
子どもは混ぜるの大得意！ 横でお母さんがボウルをしっかり持ってあげましょう！

ちぎる
これも子どもの得意分野！ 細かくするの大好きだもんね♪ もしかしたら大人より上手かも!?

盛り付け
お箸を上手に使う訓練にもなるかな!? そ〜っとそ〜っと丁寧に！ 自分で詰めたお弁当は、格別でしょ？

おわりに

「今日の弁当、やたらうまかった！」

部活を終えて帰って来たてんきちが、リビングへ飛び込んでくるなりそう言った。
手には空になった弁当箱を持って。
「そうやろ！ うまいやろ！ さすが母さんやろ！」
そう言いたかったのだが、わたしの口から出てきた言葉は
「あらそう？」

素っ気無い風を装いつつも、本当はめっちゃ嬉しかった。
口数が少なかったのは、そしてろくにてんきちの顔も見ずに言ったのは、
わたしが涙もろいから。
うまかった！ と言ってくれてありがとう。
帰宅後の開口一番に言ってくれて、ありがとう。

仕事を終えたオットが持って帰ってくるお弁当箱の入った手提げ袋。
朝、玄関先で手渡しするその袋は、夜もちゃんと手渡しで戻ってくる。
わたしがビシッと結んだお弁当包みの布は、食べ終わった後不器用にゆるゆるに包みなお
されていて、持ち上げて軽く振ってみると……
なんの音もしない。
……よしよし、今日も全部食べたな。
それは毎晩の儀式。

いつもお仕事、ご苦労さま。
全部食べてくれてありがとう。

結婚14年目、言葉にこそ出さないがそんな思いは届いているだろうか。

大事に大事にお弁当箱を洗いながら、明日は何を入れようかと早くも考え始める自分がそこにいる。

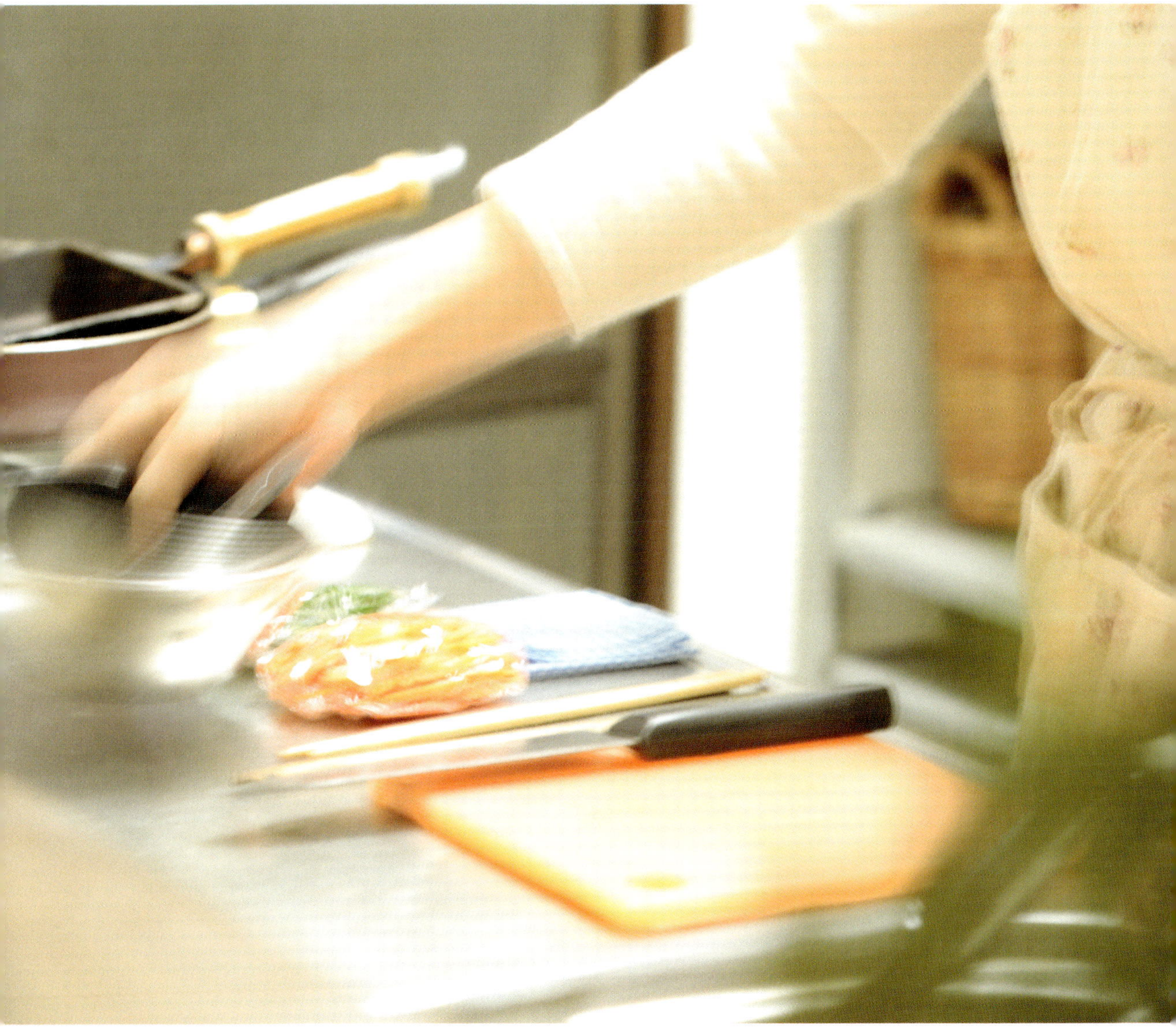

レシピ素材別インデックス

肉

■牛肉
- 牛肉ときのこの佃煮入り和風オムレツ …… 25
- 牛丼 …… 33
- 牛肉の甘辛バター焼きのっけご飯 …… 40
- 牛肉とピーマンの切り干し味噌炒め …… 52
- 牛カツ …… 52
- 牛肉とじゃがいもの甘辛煮 …… 52
- お肉はちょっぴり、野菜たっぷり焼肉！ …… 53
- 牛肉のマリネ …… 53
- 牛肉の味噌漬け …… 53
- 牛肉とごぼうの甘辛がらめ …… 53
- 牛肉ときのこの佃煮 …… 78
- きんぴらごぼう …… 78
- コチュジャン焼肉 …… 86

■鶏肉
- 鶏の梅おろし煮 …… 17
- 鶏天 …… 18
- 鶏肉のジューシー甘酢煮 …… 19
- 焼き鳥丼 …… 31
- しっとりむね肉のソテー丼 …… 34
- むね肉のオーロラソース和え …… 48
- むね肉のカレービネガー …… 48
- むね肉の胡麻味噌チン！ …… 48
- ささみのアスパラオイマヨソテー …… 49
- もも肉のしょうがじょうゆ …… 49
- チキンのマスタードマリネ …… 49
- 照り焼きチキン …… 49
- 鶏ゴボご飯 …… 70
- ケチャップチキンライス …… 71
- 基本のからあげ …… 74
- じゃがカレー煮 …… 74
- オイマヨ炒め …… 74
- 小松菜の卵とじ …… 75
- チリソース漬け …… 75
- すっぱ梅煮 …… 75
- 酢鶏 …… 75
- 和風ケチャップ煮 …… 75
- 親子丼風卵とじ …… 75

■ひき肉
- 大葉つくね …… 23
- 鮭とひき肉のおやき …… 24
- 小松菜のドライカレー丼 …… 36
- セロリ入り中華風ひき肉丼 …… 39
- 長芋と枝豆の豚そぼろ …… 50
- また作ってね！すぅのぺたぺた焼き …… 50
- ちくわの肉詰め照り …… 50
- 鶏ミンチとごぼうのそぼろ …… 50
- 油揚げコロッケ …… 51
- 鶏ゴボつくねの甘辛煮 …… 51
- 信田巻き …… 51
- フライパンでしっとり肉じゃが …… 51
- 卵の袋煮 …… 69
- 昆布まぜごはん …… 70
- そばめし …… 71
- 基本のハンバーグ …… 76
- ぺたぺたやき …… 80
- ひじきそぼろ …… 82
- 鮭のクルクル巻き巻き …… 83
- 大人のケチャップソース …… 76
- 味噌煮込み …… 76
- 塩中華味 …… 77
- スパイシーカレー煮 …… 77
- チンゲンサイのオイスター煮込み …… 77
- テリ焼き …… 77
- きのこの和風あん …… 77
- 中華甘酢あん …… 77
- 根菜入りの肉団子の甘酢あん …… 89

■豚肉
- 焼きカレー …… 11
- 豚肉のじゃがロール …… 12
- 豚肉の大葉チーズロール …… 13
- 豚の竜田揚げ …… 14
- ゆかり豚 …… 15
- ニラ玉豚ののっけ丼 …… 41
- 豚としめじの胡麻しょうゆ浸し …… 46
- 定番！ウチのしょうが焼き …… 46
- 豚と野菜の塩コン炒め …… 46
- 手ぬき春巻き …… 47
- 豚とおあげの甘辛巻き …… 47
- 豚と玉ねぎのコチュジャン胡麻焼き …… 47
- チーズ・イン・ピカタ …… 47
- 豚肉巻き …… 80

魚介

■いか
- 安いウマい早い、イカチリ！ …… 57
- イカとスナップえんどうのしょうが炒め …… 57

■牡蠣
- 牡蠣の佃煮 …… 79

■わかめ（乾燥）
- わかめのかき揚げ …… 60
- わかめ炒め …… 60
- わかめとコーンの洋風ごはん …… 71
- 鮭そぼろ …… 83

■さんま
- さんまのカレー塩ソテー …… 54
- さんまの海苔チーソテー …… 54
- さんまの蒲焼き …… 54

■鮭
- 鮭とひき肉のおやき …… 24
- 焼き鮭の漬け丼 …… 38
- 塩鮭の手ぬき春巻き …… 55
- 塩鮭の胡麻バター蒸し …… 55
- 鮭のまぜご飯 …… 70
- 鮭そぼろ …… 83
- おにぎり …… 83
- 鮭のクルクル巻き巻き …… 83

■さば
- さばのノルウェー風 …… 56
- さばの梅しょうゆ漬け …… 56
- さばの黒酢あん …… 56
- さばのカレーしょうゆ …… 57
- さばのネギ味噌そぼろ …… 81
- さば味噌風味のふわふわ焼き …… 81

■シーフードミックス
- シーフードのかき揚げ丼 …… 37
- シーフードミックスとマカロニのソテー …… 56
- 海鮮チヂミ …… 57
- シーフードピラフ風ごはん …… 70

■たら
- たらとキャベツのコチュマヨ蒸し …… 54
- たらのカレーピカタ …… 55

■ぶり
- ぶりとピーマンの中華風揚げ漬け …… 20
- ぶりの竜田揚げ …… 21
- ぶりの柚子胡椒漬け …… 55

野菜

■アスパラ
- 焼きしいたけ＆焼きアスパラ …… 17
- ささみのアスパラオイマヨソテー …… 49
- 信田巻き …… 51

■アボカド
- オイマヨ炒め …… 74
- えびとアボカドのわさびマヨ …… 86

■いんげん
- いんげんの胡麻和え …… 21
- テリ焼き …… 77
- スパイシーカレー煮 …… 77

■えのき
- 牛肉ときのこの佃煮 …… 78

■大葉
- 豚肉の大葉チーズロール …… 13
- 大葉つくね …… 23
- 手ぬき春巻き …… 47
- 鮭のまぜご飯 …… 70
- 梅おかかご飯 …… 70
- ひじきのしっとり梅ふりかけ …… 79

■枝豆
- 味つきレンジ枝豆 …… 33
- 長芋と枝豆の豚そぼろ …… 50
- 鶏ゴボつくねの甘辛煮 …… 51
- わかめのかき揚げ …… 60
- 枝豆のチーズ春巻き …… 65
- 枝豆のもっちりお焼き …… 65

■かぶ（かぶの葉）
- かぶの葉っぱのふりかけ …… 13

■かぼちゃ
- 冷凍かぼちゃの胡麻和え …… 11
- かぼちゃサラダの茶巾しぼり …… 11
- 金時豆とかぼちゃのレンジ煮 …… 24
- 牛肉の甘辛バター焼きのっけご飯 …… 40
- チリソース漬け …… 75

■カリフラワー
- カリフラワーのレンジ蒸し …… 15

■きくらげ
- 塩中華味 …… 77

■キャベツ
- 焼きキャベツのおかか和え …… 11
- シャキシャキキャベツの梅和え …… 40
- むね肉のカレービネガー …… 48
- むね肉の胡麻味噌チン！ …… 48
- たらとキャベツのコチュマヨ蒸し …… 54
- 塩鮭の胡麻バター蒸し …… 55
- キャベツ＠レンチンで！ …… 60
- キャベツのお好み …… 69

■きゅうり
- きゅうりの塩もみ …… 19
- きゅうりのしょうゆ漬 …… 23
- きゅうりの豆板醤和え …… 23
- 千切り野菜の塩もみ＆梅和え …… 25
- 切り干し大根ときゅうりの中華サラダ …… 61
- きゅうりのゆかり和え …… 63
- きゅうりのくるくる巻き巻き …… 63

■ごぼう
- 鶏ミンチとごぼうのそぼろ …… 50
- 鶏ゴボつくねの甘辛煮 …… 51
- 牛肉とごぼうの甘辛がらめ …… 53
- 鶏ゴボご飯 …… 70
- きんぴらごぼう …… 78
- 五目豆 …… 79

■小松菜
- 小松菜の卵の炒め物 …… 34
- 小松菜のドライカレー丼 …… 36
- 小松菜の海苔巻き …… 37
- 小松菜と油揚げのザーサイ和え …… 62
- 小松菜とコーンのレンチンバター …… 63
- 小松菜と焼きちくわのわさび和え …… 63
- 小松菜の卵とじ …… 75

■サツマイモ
- サツマイモの甘煮 …… 20
- サツマイモ雑穀ご飯 …… 21

■さといも
- サトイモの柚子胡椒サラダ …… 61

■サニーレタス
- サニーレタスの酢味噌和え …… 64
- サニーレタスの胡麻和え …… 64

■しいたけ
- 焼きしいたけ＆焼きアスパラ …… 17
- 小松菜のドライカレー丼 …… 36
- 牛肉の甘辛バター焼きのっけご飯 …… 40
- しいたけの甘辛 …… 59

■しめじ
- しめじの胡麻ナムル …… 13
- 牛肉ときのこの佃煮入り和風オムレツ …… 25
- 豚としめじの胡麻しょうゆ浸し …… 46
- お肉はちょっぴり、野菜たっぷり焼肉！ …… 53
- 安いウマい早い、イカチリ！ …… 57
- しめじのマヨソテー …… 59
- 和風ケチャップ煮 …… 75
- 親子丼風卵とじ …… 75
- 大人のケチャップソース …… 76
- きのこの和風あん …… 77
- 中華甘酢あん …… 77
- 牛肉ときのこの佃煮 …… 78

■じゃがいも
- 焼きカレー …… 11
- 豚肉のじゃがロール …… 12
- ポテトオムレツ …… 23
- 彩り野菜の塩コン炒め …… 30
- じゃがいもとブロッコリーのチーズ焼き …… 36
- 牛肉の甘辛バター焼きのっけご飯 …… 40
- また作ってね！すぅのぺたぺた焼き …… 50
- 牛肉とじゃがいもの甘辛煮 …… 52
- フライパンでしっとり肉じゃが …… 51
- 塩鮭の手ぬき春巻き …… 55
- 冷凍じゃがいもの粒マス＠レンチンで！ …… 60
- 冷凍じゃがいもの甘辛チン！ …… 61
- 枝豆のもっちりお焼き …… 65
- 赤ピーマンとじゃがいものマヨしょうゆ和え …… 67
- じゃがカレー煮 …… 74

■春菊
- 牛丼 …… 33

■スナップえんどう
- 焼きスナップえんどう …… 15
- イカとスナップえんどうのしょうが炒め …… 57
- スナップえんどうとツナのトースター焼き …… 62

■セロリ
- 千切り野菜の塩もみ＆梅和え …… 25
- 小松菜のドライカレー丼 …… 36
- 蓮根とセロリのきんぴら …… 37
- セロリ入り中華風ひき肉丼 …… 39
- セロリのおかか和え …… 65
- 卵サラダ …… 69
- セロリの常備菜 …… 80
- びりびり焼そば …… 80
- 豚肉巻き …… 80
- ぺたぺたやき …… 80
- のっけご飯 …… 81
- チャーハン（セロリの常備菜を使用） …… 81
- だし巻き卵 …… 81
- ひじきそぼろ …… 82

■大根
- 鶏の梅おろし煮 …… 17

| 千切り野菜の塩もみ＆梅和え | 25 |
| カレー大根 | 59 |

■大豆
| 五目豆 | 79 |

■たけのこ
| たけのこと厚揚げのおかか煮 | 41 |

■玉ねぎ
ひじきのレンジ炒め	17
牛丼	33
シーフードのかき揚げ丼	37
定番！ウチのしょうが焼き	46
豚と玉ねぎのコチュジャン胡麻焼肉	47
お肉はちょっぴり、野菜たっぷり焼肉！	53
フライパンでしっとり肉じゃが	51
牛肉のマリネ	53
酢鶏	75
親子丼風卵とじ	75
基本のハンバーグ	76
ツナと玉ねぎ	86

■チンゲンサイ
| チンゲンサイのオイスター煮込み | 77 |

■トマト（ミニトマト）
| トマトのベーコン巻き | 67 |
| 中華甘酢あん | 77 |

■長芋
| 長芋と枝豆の豚そぼろ | 50 |

■なす
鶏肉のジューシー甘酢煮	19
なすとピーマンの胡麻味噌炒め	31
なすとブロッコリーのオイマヨ炒め	32
味噌煮込み	76

■にら
ニラ玉豚のっけ丼	41
海鮮チヂミ	57
ニラ玉	69

■にんじん
ピーマンとにんじんのしょうゆ和え	14
ぶりとピーマンの中華揚げ漬け	20
千切り野菜の塩もみ＆梅和え	25
彩り野菜の塩コン炒め	30
小松菜のドライカレー丼	36
具だくさんだし巻き	38
ほうれん草とにんじんの胡麻ナムル	58
ほうれん草とにんじんのレンジ卵炒り	58
キャロットサラダ	66
にんじんとおあげのかき揚げ	66
にんじんのシャキシャキナムル	66
スパイシーカレー煮	77
塩中華丼味	77
きんぴらごぼう	78
五目豆	79
もやしとにんじんのナムル	87

■ねぎ（青ねぎ）
具だくさんだし巻き	38
すっぱ梅煮	75
さばのネギ味噌そぼろ	81

■ピーマン・赤ピーマン・パプリカ
焼きカレー	11
豚肉のじゃがロール	12
ピーマンとにんじんのしょうゆ和え	14
彩り野菜の塩コン炒め	30
なすとピーマンの胡麻味噌炒め	31
牛カルビ丼	35
豚と塩こんのピカタ	46
牛肉とピーマンの切り干し味噌炒め	52
牛肉のマリネ	53
ピーマンとツナの炒めもの	65
赤ピーマンとじゃがいものマヨしょうゆ和え	67
赤ピーマンとツナのサラダ	67
赤ピーマンとじゃこの炒め物	67
ケチャップチキンライス	71
そばめし	71
酢鶏	75
大人のケチャップソース	76
味噌煮込み	76

■ブロッコリー
ブロッコリーのおかか和え	18
鮭とひき肉のおやき	24
ブロッコリーのソテー	25
なすとブロッコリーのオイマヨ炒め	32
じゃがいもとブロッコリーのチーズ焼き	36
ブロッコリーの胡麻和え	39
ブロッコリーのマヨチー焼き	62
ブロッコリーの梅めんつゆ	64
ブロッコリーの明太マヨ	64

■ほうれん草
| ほうれん草とにんじんの胡麻ナムル | 58 |
| ほうれん草とにんじんのレンジ卵炒り | 58 |

■まいたけ
| 牛肉ときのこの佃煮入り和風オムレツ | 25 |
| 牛肉ときのこの佃煮 | 78 |

■水菜
| 水菜の柚子胡椒和え | 12 |

■山芋
| さば味噌そぼろ風味のふわふわ焼き | 81 |

■ラディッシュ
| ラディッシュの卵ソテー | 35 |

■蓮根
| 蓮根とセロリのきんぴら | 37 |

その他

■厚揚げ
| 牛丼 | 33 |
| たけのこと厚揚げのおかか煮 | 41 |

■油揚げ
おあげ丼	32
豚とおあげの甘辛巻き	47
油揚げコロッケ	51
信田巻き	51
小松菜と油揚げのザーサイ和え	62
卵の袋煮	69
たけのこご飯	71
鮭のクルクル巻き巻き	83

■切り干し大根
牛肉とピーマンの切り干し味噌炒め	52
切り干し大根ときゅうりの中華サラダ	61
切り干し大根の明太和え	61
キムチーズ切り干し和え	87

■金時豆
金時豆とかぼちゃのレンジ煮	24
金時豆の甘煮	79
金時豆のチーズ巻き巻き	87

■コーン
切り干し大根ときゅうりの中華サラダ	61
小松菜とコーンのレンチンバター	63
赤ピーマンとツナのサラダ	67
シーフードピラフ風ご飯	70
ケチャップチキンライス	71
わかめとコーンの洋風ご飯	71

■高野豆腐
| 高野の蒲焼きのっけ丼 | 30 |

■こんにゃく
炒りこんにゃく	58
しっかり味のおかずこんにゃく	59
五目豆	79

■昆布
| 昆布まぜご飯 | 70 |

■ザーサイ
| ザーサイとねぎのだし巻き卵 | 14 |

■卵
てんきち印のだし巻き卵	12
ザーサイとねぎのだし巻き卵	14
ゆで卵のマヨ添え	19
味つきうずら卵	20
ポテトオムレツ	23
牛肉ときのこの佃煮入り和風オムレツ	25
小松菜の卵の炒め物	34
ラディッシュの卵ソテー	35
具だくさんだし巻き	38
ニラ玉豚のっけ丼	41
チーズ・イン・ピカタ	47
むね肉のオーロラソース和え	48
また作ってね！すぅのぺたぺた焼き	50
鶏ミンチとごぼうのそぼろ	50
たらのカレービカタ	55
ほうれん草とにんじんのレンジ卵炒り	58
青海苔とかつおぶし粉のだし巻き	68
ゆかりのだし巻き	68
梅干のだし巻き	68
ひじき煮のだし巻き	68
キャベツのお好み	69
卵の袋煮	69
ニラ玉	69
卵サラダ	69
小松菜の卵とじ	75
親子丼風卵とじ	75
ぺたぺたやき	80
チャーハン（セロリの常備菜を使用）	81
だし巻き卵	81
オムレツ	82
チャーハン（ひじきそぼろを使用）	83

■ちくわ
ちくわの肉詰め照り	50
小松菜と焼きちくわのわさび和え	63
ぴりぴり焼そば	80

■ちりめんじゃこ
| 赤ピーマンとじゃこの炒め物 | 67 |

■チーズ
豚肉の大葉チーズロール	13
チーズ・イン・ピカタ	47
油揚げコロッケ	51
きゅうりのくるくる巻き巻き	63

■ツナ缶
ひじきのツナサラダ	17
ラディッシュの卵ソテー	35
スナップえんどうとツナのトースター焼き	62
ピーマンとツナの炒めもの	65
赤ピーマンとツナのサラダ	67

■春雨
| セロリ入り中華風ひき肉煮 | 39 |
| 春巻き | 82 |

■春巻きの皮
手ぬき春巻き	47
塩鮭の手ぬき春巻き	55
枝豆のチーズ春巻き	65
春巻き	82

■ひじき
ひじきのツナサラダ	17
ひじきのレンジ炒め	17
ひじき煮のだし巻き	68
卵の袋煮	69
ひじきのしっとり梅ふりかけ	79
ひじきそぼろ	82
混ぜごはん	82
オムレツ	82
春巻き	82
チャーハン（ひじきそぼろを使用）	83

■ベーコン
ひじきのレンジ炒め	17
具だくさんだし巻き	38
カレー大根	59
トマトのベーコン巻き	67
チャーハン（セロリの常備菜を使用）	81

■干ししいたけ
| 干ししいたけご飯 | 71 |
| 五目豆 | 79 |

ご飯

■ごはん
サツマイモ雑穀ご飯	21
高野の蒲焼きのっけ丼	30
焼き鳥丼	31
おあげ丼	32
牛丼	33
しっとりむね肉のソテー丼	34
牛カルビ丼	35
小松菜のドライカレー丼	36
シーフードのかき揚げ丼	37
焼き鮭の漬け丼	38
セロリ入り中華風ひき肉丼	39
牛肉の甘辛バター焼きのっけご飯	40
ニラ豚のっけ丼	41
鮭のまぜご飯	70
梅おかかご飯	70
シーフードピラフ風ご飯	70
昆布まぜご飯	70
鶏ゴボご飯	70
ケチャップチキンライス	71
干ししいたけご飯	71
たけのこご飯	71
わかめとコーンの洋風ご飯	71
そばめし	71
のっけご飯	81
チャーハン（セロリの常備菜を使用）	81
混ぜご飯	82
チャーハン（ひじきそぼろを使用）	83
おにぎり	83
寿司飯	86
肉巻き焼きおにぎり	88
鮭おにぎり	88
照り焼きチキンおにぎり	88
おかかチーズおにぎり	88

■マカロニ
| シーフードミックスとマカロニのソテー | 56 |

■焼きそば麺
| そばめし | 71 |

■パスタ
| ぴりぴり焼そば | 80 |

■おやつ
| 桜餅 | 89 |

Peofile

井上かなえ（かな姐）

1972年生まれ。オット、てんきち（長男・中2）、なーちゃん（長女・小学3年）、すぅ（次女・小学1年）と愛犬メイ（ラブラドールレトリバー・1歳）の5人と1匹の家族。毎日のごはんと子どもたちの育児日記を描いたブログ「母ちゃんちの晩御飯とどたばた日記」は1日10万アクセスの大人気ブログ。ブログ内のレシピを書籍化した『てんきち母ちゃんちの毎日ごはん』(宝島社)はシリーズ21万部を超える大ヒットとなる。アイデアと愛情たっぷりのレシピは、忙しくても簡単にできる！ とにかくおいしい！ と大好評。TVや雑誌でも大活躍。味にうるさいオットと好みのバラバラな子どもたちのために、今日もおいしいレシピを研究中！

母ちゃんちの晩御飯とどたばた日記
http://ameblo.jp/tenkichikaachan/

Staff

著者　井上かなえ

ブックデザイン	鎌田僚（鎌田デザイン室）
写真・スタイリング（料理）	井上かなえ
写真・撮影協力	内池秀人
編集協力	近添喜子
校正	麦秋社

朝15分で てんきち母ちゃんちのお弁当
手間と時間はちょっとだけ！　愛情たっぷり！　オッサン弁当

2009年3月30日　初版第1刷発行
2010年4月1日　　　第11刷発行

発行人　中川信行
発行所　株式会社 毎日コミュニケーションズ
　　　　〒100-0003
　　　　東京都千代田区一ツ橋1-1-1パレスサイドビル
　　　　電話 048-485-2383（注文専用ダイヤル）
　　　　03-6267-4477（販売営業）
　　　　03-6267-4403（編集）
　　　　http://book.mycom.co.jp
印刷・製本　大日本印刷株式会社

©Kanae Inoue 2009　©Mainichi Communications, inc.
Printed in Japan
ISBN　978-4-8399-3117-9　C5077
定価はカバーに記載しております。

【注意事項】
本書の一部または全部について個人で使用するほかは、著作権上、毎日コミュニケーションズおよび著作権者の承諾を得ずに無断で複写、複製することは禁じられております。
本書についてご質問がございましたら、往復はがきまたは返信切手、返信用封筒を同封の上、㈱毎日コミュニケーションズ出版事業本部編集第7部書籍編集課までお送りください。
乱丁・落丁についてのお問い合わせは、TEL:048-485-2383（注文専用ダイヤル）、電子メール：sas@mycom.co.jpまでお願いいたします。